HUGUES IMBERT

QUATRE MOIS
AU SAHEL

LETTRES ET NOTES ALGÉRIENNES

ALGER ET SES ENVIRONS — MOSQUÉES
LA FATIMA — LES ALMÉES — FACE ET REVERS
DE LA MÉDAILLE — BLIDAH — BOIS SACRÉ
MAISONS MAURESQUES — BAINS, ETC.
KBOUR-ER-ROUMIA
LES RUINES ROMAINES DE TIPAZA — CHERCHEL
LE LION DE TARTARIN — HAMMAM R'IRHA
MILIANAH
UNE FILLE DU DJEBEL AMOUR
GORGES DE LA CHIFFA — DERNIER COUP D'ŒIL

PARIS
LIBRAIRIE FISCHBACHER
SOCIÉTÉ ANONYME
33, RUE DE SEINE, 33
1888
Tous droits réservés

1479

QUATRE MOIS AU SAHEL

DU MÊME AUTEUR

———

EN PRÉPARATION :

PROFILS DE MUSICIENS

QUATRE MOIS
AU SAHEL

LETTRES ET NOTES ALGÉRIENNES

PAR

HUGUES IMBERT

PARIS
LIBRAIRIE FISCHBACHER
SOCIÉTÉ ANONYME
33, RUE DE SEINE, 33
1888
Tous droits réservés

STRASBOURG, TYPOGRAPHIE DE G. FISCHBACH

A MON FRÈRE

ALBERT IMBERT

QUATRE MOIS AU SAHEL

Marseille, *30 janvier 1886.*

Ton avoué était charmant, fin causeur, ayant déjà fait le voyage d'Algérie, et nous aurions bavardé sans interruption jusqu'à Lyon, si ce n'avait été l'essoufflement qui me prend toujours, lorsque je me laisse aller à trop causer. Il nous a donné l'avant-goût du mal de mer par de charmantes peintures réalistes.

En somme, il ressort clairement et des renseignements que je possédais déjà et des indications qui m'ont été fournies par ton ami que le meilleur moyen, je ne dis pas d'éviter, mais d'atténuer le mal de mer est de manger avant de s'embarquer et, aussitôt à bord, de se coucher. J'espère encore que nous aurons une mer clémente.

Mais, mon cher ami, que Dieu te garde de la cuisine du wagon-restaurant P. L. M., dans lequel nous sommes montés à Laroche pour déjeuner. Quelle horrible gargotte! Cela me rappelait les détestables repas, de triste mémoire, que je prenais en Suisse ou en Allemagne : une semelle de botte dans un court bouillon et un navarin où nageaient, dans une sauce noire, les restes d'un malheureux chat de gouttières. L'administration de cette déplorable cuisine vous fait l'excellente plaisanterie de vous remettre à la fin du repas la carte à payer, assez salée du reste, accompagnée de ce nota: „MM. les voya„geurs qui auraient une réclamation à for„muler sont priés de l'inscrire au dos de la „présente carte, etc."

Tu penses si je l'ai formulée! Nous en étions à envier le déjeuner du brave cantonnier de la voie, que nous apercevions à travers les glaces du wagon.

Et c'est vraiment dommage ! Si la cuisine était seulement convenable, ce serait bien préférable aux arrêts dans les buffets des gares, où l'on est forcé d'engloutir à la hâte les bouillons trop chauds ou les poulets trop coriaces que l'on vous offre.

Dans tout le parcours, nous n'apercevons que fleuves et rivières débordés et, lorsque nous arrivons à Lyon, nous sommes accueillis par une pluie battante. Heureusement que nous trouvons à l'Hôtel de Bordeaux une hospitalité écossaise : excellente chambre, et succulente nourriture. Voilà qui nous remet du brouet noir du wagon-restaurant.

Le lendemain matin à 10 heures nous reprenions le train qui devait nous emmener à Marseille. Partis de Lyon avec un temps fort maussade, nous trouvons le soleil à Valence. Et quel soleil ! on se sent déjà plus alerte et l'on respire avec joie. Un jeune ménage qui voyage avec nous s'enthousiasme au point de s'embrasser à bouche que veux-tu. C'est beau la jeunesse ! Une lune de miel que l'on va promener le long des rives de la Méditerranée !

Après un déjeuner fort satisfaisant au buffet de Valence, on remonte en wagon et en route pour Montélimar ! Au fur et à mesure que nous filons vers le Midi, le soleil devient de plus en plus merveilleux et donne une physionomie ravissante à toutes ces collines dénudées, couvertes de rares oliviers et d'arbres verts. Au loin, les petites villes avec leurs toits bas et leurs vieilles tours apparaissant comme un point blanc : Avignon avec sa ligne de remparts dentelés, de couleur sombre ; son palais des Papes dont la masse imposante peut très bien se voir de la gare même ; plus loin sur une éminence une autre vieille ville avec toutes ses fortifications, aujourd'hui à peu près abandonnée ! Voilà déjà, pour la couleur, un avant-goût de l'Algérie ! Nous saluons au passage à Tarascon les Tartarins qui se délassent de leurs excursions ou exploits fantastiques et imaginaires en jouant au modeste jeu de boules. — „*Au mouën*, on entretient ses forces pour les expéditions futures ", me souffle un indigène aimable que j'ai pour voisin. Me voyant très porté à l'écouter, il me fait un tableau enchanteur de courses pittoresques à entreprendre de Tarascon à Arles ! A l'entendre, je devrais descendre immédiatement pour une expédition ! Je mets une sourdine à son enthousiasme et à celui qu'il m'a communiqué, en le prévenant que je partais le lendemain même pour l'Algérie, mais qu'au retour j'irais m'enrôler certainement dans le club alpin de Tarascon, et qu'alors nous en ferions de belles !

Nous nous quittons à Arles avec émotion, lui pour se rendre à Nîmes et moi pour m'acheminer vers Marseille, où nous arrivons pour dîner et ensuite nous reposer.

Aussitôt arrivé à Alger, je t'écrirai ; fais de même et mets-moi au courant de toutes les exécutions musicales que je quitte à regret.

PREMIÈRES IMPRESSIONS

MAISONS ET PALAIS MAURESQUES

Alger, *10 février 1886.*

„S'ils ont entendu là haut les imprécations que je leur ai envoyées, ils doivent être satisfaits."

Telle est la phrase débitée avec l'accent marseillais le plus pur, en arrivant à Alger, par le capitaine de *la Ville de Tunis*, après notre pénible traversée et le déchaînement des éléments qui m'a rappelé certains effets de l'ouverture du Vaisseau-Fantôme de R. Wagner. Si nous étions des renégats comme notre loup de mer, nous pourrions aussi adresser au ciel de terribles malédictions, depuis notre débarquement, car, à part deux journées de soleil, le temps est devenu absolument mauvais. Orages, grêle, pluies torrentielles, humidité, voilà notre pain quotidien. Tu penses, si je suis satisfait ; j'ai envie par moments d'aller chercher la manne et le soleil au désert. De mémoire d'Algérien, il n'y a eu pareil hiver ; la tempête d'hier était si terrible que les courriers n'ont pu partir ; de mauvaises nouvelles arrivent de tous les points de la côte. C'est un triste début pour moi en Algérie ; me voici affligé d'un fort vilain rhume et gardant le coin du feu, n'ayant pour toutes ressources que d'entendre la mer hurler et de voir les vagues déferler avec tant de rage qu'elles finissent par déplacer les plus gros blocs de pierre de la jetée. Triste et monotone tableau surtout pour un voyageur qui n'a jamais bien compris la symphonie de la mer, ni le voyage autour de sa chambre.

De loin, des hauteurs du Sahel, les flots, lorsqu'ils sont calmes, s'opposent, comme un miroir éblouissant, aux paysages terrestres qui les bordent. Mais ici, à ses pieds, avoir continuellement sous les yeux l'immensité liquide avec sa monotonie désespérante, c'est trop ! Pour passer le temps, je lis et relis Fromentin qui a su faire un tableau si vrai, si étudié du Sahel et du Sahara ; — puis, *une promenade dans le Sahara*, ouvrage remarquable d'un officier plein de modestie, Charles Lagarde, mort trop jeune, qui avait vécu en Algérie et qui l'aimait.

Pourrais-je, comme eux, me donner une idée vraie de la nature africaine ? Je l'ignore ; car pour cela il faut avoir la santé. Ici même, nous sommes trop en pays français ! Pas l'ombre d'un seul chameau ! Des Arabes, des Maures, des M'zabites, des Nègres plus ou moins déguenillés, des femmes de la basse classe qui, bien que voilées, ne donnent pas le désir de voir plus, des troupes de petits ânes portant des couffins pleins de matériaux de toute sorte[1] ; ajoute à cela un public européen très nombreux, élement civil et militaire, tu auras à peu près l'idée de la ville basse. Il ne faut jamais perdre de vue qu'à Alger il existe

[1] Le couffin est une sorte de cabas en paille largement tressée, en grand usage dans toute l'Algérie.

deux peuples complètement et à jamais séparés, malgré toutes les tentatives faites pour les réunir, l'européen et l'africain, et par suite deux villes bien distinctes, l'européenne et l'arabe.

L'européenne, c'est toute la partie qui touche au port, du fort Bab-Azzoun au fort neuf, avec ses magnifiques quais auxquels on accède par des terrasses, avec ses rues à arcades, à peu près identiques à la rue de Rivoli. Elle ne diffère des villes européennes que par la végétation toute particulière de ses jardins ou promenades et par les quelques monuments arabes que la pioche française a épargnés, notamment les deux belles mosquées, Djama-Kébir, rue de la Marine, et Djama-Djedid, plus connue sous le nom de mosquée de la Pêcherie.

La ville arabe, c'est cet amoncellement incroyable de petites maisons à terrasses, blanchies à la chaux vive et quelquefois peintes en bleu, grimpant les unes sur les autres jusqu'à la Casbah [1] et qui vues de la

---

[1] La Casbah ou Kasba était le Palais-Citadelle des

pleine mer donnent l'idée d'une ville de marbre, tant la blancheur des murs a d'intensité sous les rayons ardents du soleil.

C'est cette dernière ville qu'il sera pour moi curieux d'étudier. Aussitôt que je serai plus fort, je prendrai le bâton du touriste et te ferai part de ce que j'aurai vu d'intéressant.

J'ai pu cependant visiter deux des maisons les plus curieuses qui, ayant appartenu à de hauts personnages, ont été occupées par l'administration française sans trop de modifications. Ce sont les vestiges les plus complets et les plus parfaits de l'art mauresque à Alger, art qui a de grandes analogies avec celui que les Maures ont laissé en Espagne.

Ces deux maisons sont : 1° La maison de Mustapha-Pacha, rue de l'État-Major, 52, où sont installés la bibliothèque et le musée ; et 2° l'archevêché (Dar-Bent et Sultan) en face la cathédrale. La description que je vais essayer d'esquisser de la première sera, à peu

---

deys d'Alger ; elle a été malheureusement éventrée, mutilée ; la vieille ville arabe qui l'entoure a pris le nom de Casbah.

de chose près, celle de la seconde et même de toutes les maisons mauresques qui sont bâties sur le même modèle. La seule différence entre la demeure du riche et du pauvre consiste principalement dans les dimensions et dans l'ornementation intérieure.

Aucune façade extérieure. Sauf la saillie des balcons et quelques fenêtres fort étroites et grillées, les murs sont unis, blanchis à la chaux et de la plus triste apparence. On dirait que la maison ne peut jamais être trop laide, trop fermée, trop informe au dehors, — trop délicieuse à l'intérieur. Il faut évidemment attribuer cette anomalie à trois causes bien réelles : — l'impénétrable mystère dont cherche à s'entourer l'Arabe ; — l'humeur jalouse des hommes qui, ne voulant pas permettre à la femme de se montrer et de chercher des distractions dans les évènements de la rue, ont muré leur vie privée en faisant établir toutes les fenêtres sur une cour fermée, à l'exception seulement d'un balcon et d'une jalousie grillée, qui encore ne peuvent être ouverts que pendant la célébration de quelques grandes fêtes ; — et enfin les conditions climatériques qui exigent l'éloignement du soleil et la fraîcheur à l'intérieur.

L'habitation est un grand quadrilatère avec cour non couverte, rappelant assez *l'impluvium* des Romains ou le *patio* des espagnols, entourée de galeries, qui se reproduisent à l'étage supérieur et dont le sommet est surmonté d'une terrasse ou d'un toit plat. La porte d'entrée, précédée d'un portique garanti par un auvent supporté par des poutrelles en bois de cèdre, est enchassée dans des jambages en marbre sculpté. Puis on entre dans un long vestibule pavé en marbre, dont les murs sont recouverts de carreaux de faïence. Le long de ces murs et dans toute la longueur est ménagée une estrade ou banquette recouverte également de carreaux de faïence. C'est là que le maître de la maison venait recevoir les visiteurs et expédiait ses affaires ; car on ne pouvait pénétrer plus loin, si ce n'est dans les occasions extraordinaires. De ce grand vestibule, on passe dans la cour ouverte, dont j'ai déjà parlé (*l'impluvium*). Rien de charmant, d'intime et de lumineux comme ce milieu de l'habitation mauresque où tout vient converger. Pavée en dalles de marbre, avec fontaine au milieu, elle est entourée de quatre galeries soutenues par des colonnes également en marbre aux fines cannelures et aux chapiteaux décorés de fleurs, qui supportent des arcades en fer à cheval. Au premier étage ces mêmes galeries existent avec balustrades en bois de cèdre finement sculptées. Les murs sont revêtus, comme dans le vestibule, de carreaux en faïence de diverses couleurs, dont la tonalité s'harmonise admirablement avec l'ensemble de la décoration. C'est sur ces galeries que s'ouvrent toutes les portes et fenêtres des appartements ; les portes sont en bois de cèdre délicatement fouillé et les fenêtres garnies d'un fort grillage en bronze. L'intérieur des chambres est très simple : l'ameublement se composait de tapis, de glaces, d'un divan servant de siége le jour et de lit la nuit, de grands coffres en bois peint. Ce mobilier n'existe plus aujourd'hui et a été remplacé par un ensemble de meubles français et par l'installation de la bibliothèque. Mais les murs sont ornés de faïences et les plafonds sont formés de poutrelles en bois de cèdre. Dans la maison de l'archevêché qui est peut-être moins intacte mais plus riche, ces plafonds en bois sculpté offrent des rosaces, des fleurs, des fruits, des poissons peints en couleurs où dominent le rouge et l'or. Une remarque que j'ai faite est qu'une partie des carreaux de faïence proviennent de Hollande ; ils représentent des bouquets de fleurs ou des navires à voiles ; les plus importants sont signés : J. V. Maas ; d'autres de couleur jaune et verte semblent de provenance italienne. On m'a assuré du reste que l'ornementation intérieure des maisons mauresques n'est pas tout entière le produit du travail indigène : les colonnes en marbre blanc plus ou moins sculptées, les carreaux de revêtement etc., proviennent d'Italie ou d'Espagne.

A l'étage supérieur se trouvait le logement des femmes du sérail avec terrasse ayant vue sur la mer. Les marches des escaliers qui conduisent à cette partie d'habitation sont d'une hauteur inusitée ; il faut faire des enjambées, comme si l'on voulait monter aux pyramides égyptiennes.

Voilà ma première impression. En somme rien de mieux compris, surtout au point de vue du climat et aussi du mystère dans lequel désire vivre l'Arabe.

BOU-ZAREA — NOTRE-DAME D'AFRIQUE

14 février.

Changement de décor! Le vent a fui au loin ; les nuages se sont dissipés, le soleil apparaît radieux. Tout prend un air de fête et les Algériens montent à l'assaut des *Corricolos*[1] et voitures de toute sorte qui les emmènent à la campagne. Nous suivons cet exemple avec le jeune B... et nous grimpons sur

---

[1] Les *Corricolos* sont fort nombreux à Alger ; ce sont de petits omnibus à fenêtres étroites, généralement peints en jaune, de pauvre apparence et rien moins que luxueux. La Société y est très mélangée. Mais ils remplacent le confortable par des noms pompeux, inscrits en lettres majuscules sur le pourtour : La Charmeuse, L'Invincible — La Frégate italienne — Le Courrier de Lyon — Le Trovatore — Le Sahel — Le Lion africain etc.

l'impériale d'un véhicule sur lequel se lit : El Biar — Bou-Zaréa. C'est ce dernier village qui est notre objectif. Perchés où nous sommes, nous aurons ainsi la vue complète du pays que nous devons traverser et qui est très montagneux. Nous nous engageons dans la rue tournante Rovigo qui est fort raide, jusqu'à la porte du Sahel, en passant devant la vieille Casbah, cet antique palais-citadelle des deys d'Alger, qui ne conserve que de faibles restes de sa splendeur et qui a donné son nom à la ville arabe. Mais il faut mettre en réserve cette exploration particulière et des plus intéressantes.

A partir de la porte du Sahel la vue devient splendide et s'élargit sur tout cet horizon que je t'ai déjà dépeint sommairement : la pleine mer, avec la rade d'Alger au premier plan, les blanches villas des environs, puis à droite les bords du Golfe avec tous ses villages jusqu'au cap Matifou, enfin les montagnes de Kabylie avec leurs cimes neigeuses si imposantes. Rien de plus montueux que les environs d'Alger ; le Sahel, ce massif de collines régnant le long de la mer, s'étend depuis l'Oued-Mazafran au nord jusqu'à la Mitidja au sud. Alger est bâti en amphithéâtre sur une des pentes du Sahel et le Bou-Zaréa où nous nous rendons aujourd'hui en est le point culminant. (400 mètres environ au-dessus du niveau de la mer.)

Depuis Alger, nous montons donc presque continuellement jusqu'au but que nous voulons atteindre. La campagne algérienne, avec laquelle je fais connaissance pour la première fois, n'a guère de similitude avec nos contrées du centre de la France. Les essences d'arbres sont toutes différentes : eucalyptus, palmiers, oliviers, citronniers, orangers et tant d'autres dont j'ignore encore le nom, remplacent les chênes, les platanes, les peupliers etc. La végétation est maigre ; l'herbe pousse rare ; il est vrai que nous ne sommes qu'au mois de février. On voit cependant déjà épanouies certaines fleurettes des champs dont la période de floraison en France ne se place qu'en avril ou mai, — la pâquerette, la violette, le coucou ; par places, la pâquerette est si serrée qu'elle fait neige. Les haies des champs sont généralement composées d'aloës avec leurs longues feuilles affilées, serrées les unes contre les autres, dont la couleur rappelle celle du zinc et dont les tiges s'élancent vers le ciel en forme de lampadaires, — de figuiers sauvages ou cactus, aux larges pattes épineuses, qui forment souvent un rempart impénétrable autour des gourbis. Ce genre de végétation avec ses tons pâles donne à la campagne, à première vue, un aspect plutôt noir que vert : la tonalité de la palette de Fromentin ou de Pasini, lorsqu'ils ont décrit le paysage oriental. Ce sont les deux peintres qui, selon moi, ont le mieux rendu cette valeur un peu froide et terne des verts, paraissant encore plus tranchée en regard de la blancheur des villas et des maisons.

On longe le fort l'Empereur, ancienne citadelle turque, aujourd'hui convertie en prison disciplinaire, puis des maisons de plaisance, arabes ou françaises, avec leurs jardins où la flore qui commence à naître se mêle gracieusement aux orangers et citronniers. Nous ne faisons que traverser El-Biar (les puits), un village tout à fait français, puis, continuant notre route et l'abandonnant un peu plus loin pour laisser à notre gauche Staouëli, nous arrivons à Bou-Zaréa, le pays, dit-on, fertile en céréales par excellence, le belvédère des environs d'Alger. C'est également un village où domine l'élément français, aussi ne forme-t-il qu'une suite de maisons, cabarets ou boutiques bordant la route. L'endroit est un de ceux où les Algériens viennent excursionner de préférence, et nous apercevons nombre de corricolos amenant ou ramenant des promeneurs.

La route que nous devons faire à pied pour revenir à Alger étant assez longue, nous remettons à un autre jour la visite au village arabe, et à son cimetière, et nous reprenons le bâton. En s'élevant sur les hauteurs, de quelque côté que l'on se porte, la vue s'étend sur un magnifique panorama. On peut même apercevoir à l'ouest dans la direction de Cherchel, sur les bords de la mer, le tombeau de la Chrétienne, que je me propose d'aller visiter prochainement lorsque je me rendrai à Cherchel et à Tipaza. Plus nous avançons dans notre promenade, plus la nature nous semble devenir aride; nous descendons, après avoir contourné des bâtiments nouveaux élevés dans le but de servir d'observatoire, jusqu'à une colline se trouvant presque à pic au dessus de Notre-Dame d'Afrique qui domine elle-même la mer. C'est une des nombreuses créations du cardinal Lavigerie, qui a été ici, comme en Tunisie, le *Deus ex Machina*.

Assis sur un tertre, au dessous d'une maison arabe entourée d'un rempart impénétrable de cactus, nous nous laissons aller au charme de l'impression vraiment grandiose que l'on éprouve à l'aspect du décor qui se déroule devant nous. Au premier plan notre belvédère assez aride avec des troupeaux de petites chèvres, plus bas des villas toutes blanches se cachant au milieu de la verdure — des sentiers par lesquels débouchent des couples arabes avec leurs costumes aux couleurs éclatantes — Notre-Dame d'Afrique avec sa coupole sur un pic élevé mais toutefois bien inférieur à celui que nous occupons — enfin la mer dans toute son immensité avec sa belle nappe bleue que viennent moucheter de petits points blancs les barques maltaises aux voiles déployées. Si nous nous retournons nous voyons à droite une partie des faubourgs d'Alger seulement, la cité Bugeaud, puis les hauteurs de la vieille ville qui nous masquent Alger.

Mais l'heure avance ; à 4 heures l'air devient plus vif, par suite dangereux ; il faut rentrer. Nous nous arrachons à regret à notre vision et descendons avec rapidité les rochers arides qui se prolongent jusqu'à la base de la montagne.

Arrivés presqu'au but, nous rencontrons une voiture traînée péniblement par deux malheureux chevaux qui essaient, mais en vain, de monter une route de traverse ; ils refusent d'avancer. Un Arabe se prélasse dans le véhicule et mon compagnon de voyage, qui a pris l'habitude de parler avec dureté aux indigènes, l'interpelle ainsi : „Paresseux, „ne peux tu descendre et aider les chevaux !"
— Mais on nous dit qu'il vient de lui arriver un accident ; une voiture lui aurait passé sur la jambe droite.

En examinant le blessé, je reconnais mon marchand de tapis qui parcourt les rues d'Alger avec sa marchandise sur le dos et qui abandonne souvent pour 60 fr. des étoffes, dont il a d'abord fixé le prix à 150 fr.

Nous lui demandons pourquoi il ne s'est pas fait transporter à l'hopital français : Voici sa réponse bien typique : „A toi, „médecin français — couper la jambe — ; „à moi, médecin arabe guérir avec des plantes."

Pas moyen d'en obtenir autre chose. Il supporte du reste son mal avec un vrai courage et pas une marque de souffrance ne se lit sur son visage. Pour le consoler, nous lui promettons de lui acheter un tapis, lorsqu'il sera guéri.

IMPRESSIONS RAPIDES — LA DJAMA EL-KEBIR

19 février.

Je continue à te noter au jour le jour mes impressions sur tout ce qui m'environne. Ces notes, en dehors du léger intérêt qu'elles peuvent avoir pour vous autres Parisiens, ont pour moi l'avantage inappréciable de graver plus profondément dans ma mémoire des souvenirs qui souvent ne seraient que fugitifs ; ce sont pour ainsi dire de petits clichés photographiques qui mettront plus en valeur les faits et gestes, les mœurs et les coutumes d'un peuple qui, n'ayant jamais voulu se mêler à nous, et peut-être par notre faute, s'enveloppe dans son mystère, trouvant que s'éteindre vaut mieux. Je suis même persuadé que, dans quelques siècles d'ici, il ne restera rien de curieux et d'intéressant à étudier à Alger, soit comme monuments ou habitations, soit comme peuple. Nous avons refoulé dans le désert les fauves, voire même les douces et inquiètes gazelles[1] ; nous arriverons à faire de même pour les Arabes que nous voyons toujours trop en vaincus ou en ennemis. Ce qui le prouve, c'est que, dans la plupart des villages que j'ai déjà visités et qui avoisinent Alger, l'élément indigène est en minorité ; et je ne parle pas des grandes villes comme Alger, Constantine, Oran, où la population devient de plus en plus européenne. A Alger, par exemple, sur 70,747 habitants, le nombre des Juifs et Musulmans n'est que de 20,000 ! Une autre preuve qui n'a pas moins de valeur à l'appui de mon dire, c'est que les indigènes riches et de noble race, n'ayant pas voulu reconnaître notre domination, ont mieux aimé ou s'expatrier ou vivre à la campagne que de

---

[1] L'inquiète gazelle, attentive à tout bruit,
Venait, disparaissait comme le trait qui fuit.
(*Poëmes antiques*, Leconte de Lisle).

rester au milieu de nous. A peu d'exceptions près, les Maures ou Arabes, Musulmans, Kabyles, M'zabites, Biskris que nous croisons dans les rues sont de la classe inférieure; il ne reste que ceux qui n'avaient pas le moyen de nous fuir. Le Juif seul a su profiter du malheur des Arabes. Sous la domination turque il était bafoué, maltraité et pillé. Aussitôt qu'avec la peau d'un ou plusieurs lapins, le malheureux fils d'Israël avait amassé un petit pécule, le Musulman arrivait, qui, sous le prétexte d'impôt, le mettait à nu : c'était un travail incessant à recommencer, le labeur de Sisyphe! Sous la domination française, au contraire, qui le protège, d'humble, de soumis, de misérable qu'il était, le Juif est devenu puissant, riche ; il tient le haut du pavé. La peau de lapin a fructifié.

Quant aux Arabes, il serait absolument injuste de condamner un peuple sur des exceptions. On les a accusés de fanatisme, de mauvaise foi, de forts penchants au vol et à la luxure. Mais ces vices ne leur sont pas particuliers, ils sont de tous les pays; et, d'après les remarques impartiales qui ont été faites soit par des officiers, chefs des bureaux arabes, soit par des voyageurs instruits, il faudrait rabattre beaucoup des accusations portées contre eux, souvent, il faut bien le dire, pour les besoins de la cause. Il serait intéressant de faire connaître les appréciations données par des hommes compétents non-seulement sur les mœurs du peuple arabe, mais encore sur la manière de le gouverner.

„En résumé, disait M. l'intendant Genty de Bussy[1], les Maures et les Juifs ne nous donnent que les villes de l'Algérie et nous n'avons pas besoin d'eux pour nous y établir. Les Arabes nous livrent la plaine et avec elle le pays, et il faut à tout prix que nous y restions avec eux et par eux. Nous devons donc vivre à côté des Maures et au milieu des Arabes, mais bien nous dire que par les premiers nous n'obtiendrons rien des seconds. Apportons leur, au lieu de coups de fusil, la tranquillité; au lieu de la discorde, l'union; au lieu de la misère, le bien-être : ce sera leur donner à la fois le bonheur et la paix. Une fois sur le

---

[1] *De l'établissement des Français dans la Régence à Alger.* Tome Ier, p. 145.

seuil de ce changement de situation, ils seront les premiers à pousser la porte pour y entrer tout à fait. Le plus difficile n'est pas de vaincre, mais de soumettre et gouverner."

C'est un non sens, selon moi, à bien des points de vue d'avoir cherché à implanter à Alger une ville française aux lieu et place de la ville arabe. A ne considérer que le côté purement artistique, c'est un meurtre d'avoir éventré cette vieille Casbah, palais des deys, d'avoir jeté bas des fortins turcs, démoli une partie des mosquées, remplacé par des bâtisses bêtes, qui font tache au milieu du paysage et du climat, les pittoresques maisons arabes. Nous finirons par avoir un jour ou l'autre les quatre parties du monde, peuplées de villes bâties sur le même modèle ! Je demande que la Commission des monuments historiques prenne la défense de ce qui reste d'architecture intéressante à Alger. Mais il est déjà bien tard !

Au point de vue de notre colonisation et des intérêts commerciaux, n'était-il pas plus simple de laisser la ville arabe, dont nous ne pourrons jamais opérer la transformation en raison de sa situation presque à pic sur une colline et de construire une vraie ville française aux portes même d'Alger, dans la plaine qui s'étend entre Mustapha inférieur, l'hippodrome et la mer ? On aurait pu avoir là de larges débouchés et construire un port plus vaste et plus commode que celui qui existe aujourd'hui [1].

Par un beau soleil, je me suis acheminé, en bon Musulman, avec des babouches aux pieds, afin de pouvoir me déchausser plus facilement, vers les mosquées qui longent les bords de la mer. J'avais à choisir entre la Djama-Djedid, plus connue sous le nom de *Mosquée de la Pêcherie*, au coin de la place du Gouvernement et du boulevard de la République — et la Djama-El-Kebir, rue de la Marine, qui fait presque suite à la précédente. J'ai préféré cette dernière, comme étant la plus ancienne, la plus vaste et peut-être la plus belle des deux. Il faut se figurer un vaste monument avec un nombre plus ou moins grand de cou-

---

[1] J'ai su, depuis mon arrivée à Alger, qu'un projet dans ce sens avait été conçu par M. O'Mac-Carthy, directeur de la bibliothèque.

poles et un minaret fort élevé qui couvre une superficie de 2000 mètres environ. La construction remonterait à l'an 1000 de notre ère. La façade sur la rue de la Marine est très-imposante ; elle présente une galerie fort élevée, plafonnée en bois de cèdre, avec quatorze arcades dentelées retombant sur vingt colonnes en marbre blanc. Une frise en carreaux de faïence bleue court sur la façade dans toute sa longueur et dans la partie la plus élevée. Au milieu et dans l'interstice des colonnes est engagée une fontaine en marbre blanc. Le minaret s'élève à l'extrémité de cette galerie ; c'est la seule mosquée d'Alger dont l'extérieur soit aussi soigné. Mais, à l'exception de ces colonnes en marbre, des carreaux de faïence, il ne faudrait pas s'imaginer que les matériaux employés pour la construction de cette mosquée et de tant d'autres soient, comme dans nos églises, la pierre de taille, le marbre ou la brique. Rien de tel : le mortier le plus ordinaire enduit d'une chaux éclatante de blancheur sur les murs intérieurs et extérieurs, sur les coupoles, etc., voilà en réalité le fond de toute construction arabe, mosquée ou habitation. Lorsque l'on pénètre par une porte basse dans le monument, on suit un couloir garni de bancs sur lesquels viennent s'asseoir bon nombre de malheureux, et on débouche dans une cour peu spacieuse à ciel ouvert, dans laquelle se trouvent deux modestes bâtiments.

Le premier, *jouxtant* la mosquée avec trois portes donnant sur la cour, est affecté au tribunal du Cadi. C'est là que s'arrangent tous les procès, différends, séparations entre les arabes (hommes et femmes). La justice humaine à côté de la justice divine ! A la manière calme et recueillie avec laquelle sont rendus les arrêts du Cadi, on dirait que le voisinage de la mosquée impose à tous le plus religieux silence et l'acceptation des jugements comme s'ils venaient d'une autorité divine. Qu'en pensent ceux qui fréquentent souvent à Paris la Salle des Pas perdus ? n'aurions-nous pas beaucoup à gagner en nous inspirant d'une semblable procédure ? C'est un véritable tribunal de juge de paix, avec la majesté et l'autorité en plus. Cette simplicité fait songer aux temps antiques.

Deux fort petites salles sont affectées à ce tribunal ; celle du milieu est le prétoire où le Cadi écoute les plaintes des parties et rend ses arrêts ; les hommes seuls y sont admis. La pièce à droite est réservée aux femmes qui y arrivent voilées et ne communiquent avec le Cadi que par une fenêtre grillée. C'est comme un confessionnal, mais avec cette différence que les faits articulés peuvent et doivent être entendus de tous. Chaque jour à 2 heures le public assiste à ces séances.

Le second bâtiment à droite dans la cour est occupé par le Mufti, chef de la mosquée, et son secrétaire. Un bel arbre au tronc vigoureux serpente le long de la façade de ce petit bâtiment et va couvrir de ses rameaux des poutrelles en bois établies au-dessus d'une partie de la cour. De l'habitation du Mufti on a vue sur le boulevard de la République et sur la mer ; ajoutons encore à ce décor un jardinet mal entretenu où s'étiolent quelques bananiers, nous aurons la physionomie assez exacte de ce que j'appellerai la préface ou le préambule de la mosquée.

En face de la demeure du Mufti est l'entrée de la Djama. Elle ne compte pas moins de neuf travées avec arcades basses dentelées en fer à cheval s'appuyant sur des piliers carrés et supportant des toits à angles obtus, dont les poutrelles en bois de cèdre sont recouvertes de tuiles creuses. La lumière n'arrive que par des fenêtres étroites pratiquées dans le mur parallèle à la mer et aussi par un délicieux *patio* intérieur où se trouvent la fontaine aux ablutions et quelques beaux arbres, dont un oranger avec tous ses fruits. Peu ou point d'ornementation à l'intérieur : des nattes ou des tapis assez luxueux couvrant le plancher et les piliers à une certaine hauteur ; des lustres et des veilleuses les plus simples appendus à la toiture. C'est au levant, le long du mur parallèle à la mer et orné de tableaux contenant des inscriptions arabes que les prières sont faites par l'Imam, placé en face du Mihrab et entouré des fidèles. La chaire à prêcher (membar) est immédiatement à côté.

De tout cet ensemble, il résulte une certaine impression favorable au recueillement, à la méditation et, il faut bien le dire, *au sommeil.* Il n'est pas rare de voir des Arabes couchés à côté des piliers et profondément endormis ; d'autres assis en rond tiennent conciliabule. C'est la maison commune.

Je n'ai pas encore cherché à éclaircir la grave question suivante : Pourquoi la religion musulmane exige-t-elle impérieusement l'enlèvement de la chaussure à l'entrée de la mosquée, tandis que, dans nos églises, on nous impose l'enlèvement de la coiffure ? Je me suis tout naïvement arrêté à cette idée : les Musulmans qui vont pieds nus ou chaussés de larges babouches découvertes, sont tous casqués d'une manière si compliquée, qu'il est plus simple pour eux d'enlever la chaussure que la coiffure [1]. — Chez nous c'est tout

---

[1] L'usage des Musulmans de se couvrir la tête et de se déchausser dans leurs mosquées est emprunté aux anciennes traditions liturgiques de la religion mosaïque. Au livre de l'Exode il est prescrit à Moïse de se déchausser auprès du buisson ardent, « *ôte ta chaussure*, dit la voix mystérieuse qui lui parle, *car la terre que tu foules est sainte.* » Il était aussi ordonné aux prêtres juifs de se déchausser en pénétrant dans le sanctuaire et le saint des saints du temple. Les Musulmans ont observé cette pratique par respect pour le lieu du culte et pour ne pas salir les tapis ou nattes qui sont étendus sur le sol de

l'opposé. Ma réflexion est légèrement tintamarresque... je la livre pour ce qu'elle vaut. Les Juifs sont peut-être seuls dans le vrai ; à la synagogue, on n'enlève ni chaussure ni coiffure ; on se couvre simplement d'une écharpe en soie. En tout cas, c'est plus commode.

leurs mosquées. Quant à la coutume de se couvrir la tête, elle vient également de la prescription faite aux prêtres juifs de se voiler le visage dans les cérémonies religieuses, et par modestie ou respect pour la divinité, ne se croyant pas dignes de contempler sa gloire, ni de prononcer son nom, et par symbole des ombres et des mystères de l'ancienne loi. Aussi, sous la nouvelle loi, parmi les Chrétiens, on se découvre dans les temples, du moins les hommes, parce que les prophéties mystérieuses sont accomplies, la révélation est achevée. Quant à notre coutume d'occident de rester chaussés dans les églises, elle tient autant aux nécessités climatériques, aux habitudes de nos régions qu'à l'idée mystique du christianisme de se considérer sur cette terre comme des voyageurs en marche vers l'éternité. Il y a cependant un jour chaque année, le vendredi saint, où le clergé se déchausse pour venir adorer la croix de Jésus-Christ.

BOU-FARIK

21 février.

On m'avait parlé, depuis mon arrivée à Alger, de Bou-Farik comme d'un pays remarquable par sa colonisation. Après la ville, après la montagne, je désirais prendre une idée de la plaine et de la culture.

Le trajet en chemin de fer d'Alger à Maison-Carrée est ravissant. La ligne ferrée suit les bords du golfe, en traversant les villages de l'Agha, de Mustapha inférieur, Hussein-Dey. Elle côtoie de si près la mer, qu'à certains moments on pourrait se croire sur une digue au milieu de l'eau, et cela me remémorait certaine traversée en chemin de fer des bords si poétiques du lac du Bourget, en Savoie, et l'arrivée encore plus étonnante à Venise.

Avant Hussein-Dey s'étagent les belles plantations du Jardin d'essai, une oasis où les palmiers, les bananiers, les bambous, les fucus ont atteint des hauteurs prodigieuses.

La route de terre suit la voie ferrée et nous y voyons nombre d'indigènes de toutes les régions avec leurs petits ânes chargés de couffins remplis outre mesure — leurs mulets et même les chameaux, balançant leurs longs cous en avant et qui s'arrêtent généralement aux portes d'Alger sur le terrain de l'hippodrome. Les hommes et les enfants sont juchés sur les animaux; mais les femmes, même les plus âgées, vont misérablement à pied.

A Maison-Carrée, la ligne se bifurque; on laisse à gauche celle qui prend la direction de Constantine et on s'engage dans la voie qui mène à Oran. Nous revenons pour ainsi dire sur nos pas, ayant à droite les collines du Sahel, derrière lesquelles se cache Alger — et à gauche, mais à un plan plus éloigné, la chaîne et les ramifications de l'Atlas. La plaine, qui au début est fort vaste, porte le nom de Mitidja et s'étend jusqu'à Marengo à l'ouest. Ce sont les terres de cette plaine que le colon a cherché à débarrasser des broussailles qui l'encombraient et à fertiliser ; je dois dire qu'à première vue les essais qui ont été faits paraissent avoir été couronnés de succès. Cette culture a peut-être enlevé à la Mitidja son aspect pittoresque ; mais les résultats obtenus font entièrement évanouir les regrets que l'on pourrait éprouver en face du passé. Peu ou point de séparations entre les propriétés, de simples fossés. Du reste, il n'est pas rare de voir plusieurs fermes embrassant 300 ou 400 hectares. Et cependant, malgré l'envahissement du colon et sa ténacité, je vois encore au loin de misérables huttes à moitié effondrées, entourées de maigres troupeaux et de familles d'indigènes non moins maigres. L'effet est un peu celui d'une réunion de castors avec leurs terriers. Aux alentours, des enchevêtrements de cactus, d'aloës, de ronces, de palmiers nains ; la nature paraît encore à l'état sauvage et primitif. Le perdreau, la caille, la bécassine que l'on sert quelquefois sur les tables des hôtels d'Alger, viennent de la Mitidja; mais ce gibier est bien inférieur comme saveur à celui de France. Il serait facile d'en dire autant de tous les volatiles et même de la viande de boucherie, dont la chair est maigre et fade.

Il ne faut pas chercher dans ce paysage un aspect nouveau et original ; ce n'est pas encore là que la nature africaine peut se révéler. Attendons l'époque à laquelle nous aurons le loisir de nous engager dans les chaînes de l'Atlas, par les gorges de la Chiffa, Médéa, Boghar et Laghouat. L'Atlas aujourd'hui est nul pour nous. Depuis la matinée, la brume ne s'est point dissipée et la pluie fine qui lui succède dérobe à nos yeux les premiers plans des montagnes. La voie, en ligne droite, est ombragée sur presque tout son parcours par de beaux eucalyptus qui atteignent la hauteur de nos peupliers.

On traverse successivement le Gué de Constantine, près de l'Oued-El-Harrach, une rivière ordinairement à sec en été mais qui, à cette époque de l'année, roule des eaux boueuses — puis Baba-Ali — Bir-touta ; — et enfin, à 37 kilomètres d'Alger, Bou-Farik.

En 1830, Bou-Farik n'était qu'un marais inhabitable où les Arabes se réunissaient tous les lundis, comme ils le font encore aujourd'hui, pour échanger leurs marchandises et leurs bestiaux ; mais il n'y existait pas de village. C'était un simple marché, pris comme point central de la Mitidja ; le lieu était tellement malsain que les indigènes n'y séjournaient pas, et qu'aussitôt leur négoce terminé, ils retournaient à leurs tentes ou à leurs gourbis. En 1835, le général comte Drouet d'Erlon y établit un camp très fortement retranché ; ce n'est que quelques années plus tard que, par décret du maréchal Clauzel, on y créa une ville dont les commencements furent déplorables. Les fièvres enlevaient une partie de la population. A force de persévérance, de travaux d'assainissement exécutés par des colonies sans cesse renaissantes, Bou-Farik est devenu très prospère. Imagine-toi une ville plutôt qu'un village avec des maisons généralement peu élevées, mais entourées de jardins, — percée d'avenues extrêmement larges où se sont développées avec une vigueur extraordinaire toutes les plantations qui y ont été faites. On a choisi de préférence le platane pour border les avenues, et nous perdons le merveilleux effet que doit donner le feuillage de ces arbres immenses au printemps. Dans cette saison, ils sont complètement dépouillés.

Avant d'entreprendre notre promenade en ville, nous nous mettons à la recherche de l'hôtel Benoît, qui nous a été recommandé. Il est onze heures et demie, et l'estomac demande un peu de nourriture. La cuisine est bonne au dit hôtel, et nous la trouvons supérieure à celle de nos hôtels d'Alger. On nous sert notamment un rôti de bécasses excellent, digne du Café anglais, et nous l'arrosons d'un certain vin fin de Saoula (Sahel) que je te recommande, si tu viens jamais à Bou-Farik. Le prix de ce nectar est des plus modérés (1 franc la bouteille); il vaut bien certains crûs de Bourgogne et il a l'avantage d'être naturel. — „C'est un vin à *saouler* tout un régiment." — Le mot était si tentant, qu'au dessert je n'ai pas manqué d'en bombarder mon jeune compagnon de voyage.

La saison ne nous permettant pas d'admirer la merveilleuse végétation des platanes qui bordent les avenues de Bou-Farik, nous traversons le village en passant près de la modeste église établie au centre à côté d'un square, et nous nous rendons à l'ancien camp d'Erlon, devenu une exploitation agricole des plus importantes. Le terrain qui a été si funeste pendant de longues années aux malheureux colons, s'est trouvé au contraire admirablement fertile pour la culture. Le camp d'Erlon, dont les bâtiments avaient été utilisés en dernier lieu par les Jésuites, appartient aujourd'hui à Mme Porcellaga, veuve d'un notaire d'Alger, et son régisseur veut bien nous piloter au milieu des vergers d'orangers, de citronniers, de cédrats. On m'offre très aimablement un de ces derniers fruits, dont la couleur est celle du citron, mais dont la grosseur peut égaler trois à quatre fois celle des poires Duchesse, même les plus belles. Un arbre qui produit également des espèces monstrueuses est le pamplemousse. C'est une variété d'oranger, dont les fruits sont encore plus gros que le cédrat, mais ne sont pas utilisables. Nous naviguons à travers un véritable jardin des Hespérides ! Si le soleil nous avait favorisés, le coup d'œil eût été réellement féerique. La culture de la vigne est également considérable et prend tous les jours de l'accroissement ; les résultats sont excellents. Une partie des vignes est plantée sur l'ancien cimetière ; à l'ombre de quelques cyprès, se voient des tombes abandonnées, entre autres celle du sergent Blandan, avec une plaque commémorative rappelant le fait d'armes auquel il prit part (11 avril 1841).

Avant de partir, jetons un coup d'œil sur le marché arabe qui est proche du camp d'Erlon. On n'y voit que de rares tentes sous lesquelles les Arabes prennent le café ou vendent quelques fruits. Nous nous promettons d'y revenir un lundi, le vrai jour du marché. Il y a là une étude très pittoresque à faire des différents types indigènes : les bouchers m'zabites, les faucheurs kabyles, les cordiers du Dekakna, les sorcières, les mesquinos (mendiants). Nous attendrons en conséquence la saison où les platanes auront repris leur feuillage pour faire une nouvelle visite à Bou-Farik et à ses environs.

LA MOSQUÉE SIDI-ABD-ER-RAHMAN

Vendredi, 26 février.

Aujourd'hui, deux excursions bien intéressantes, l'une dans le monde religieux, l'autre dans le monde profane.

Les Musulmans ont trois sortes d'édifices pour prier : La *Djama* ou mosquée proprement dite ; la *Koubba*, renfermant le tombeau d'un saint (marabout) ; et enfin la *Zaouïa*, petite mosquée et koubba réunies.

La Zaouïa Sidi Abd-er-Rahman n'offre ni un développement de nef comme la Djama-El-Kebir, mosquée de la rue de la Marine, ni un dôme aussi élevé que la Djama-Djedid, mosquée de la Pêcherie. Mais c'est un ensemble de constructions plus pittoresques les unes que les autres, qui en font certes un des monuments les plus curieux d'Alger. Abd-er-Rahman fut, paraît-il, un théologien *di primo cartello* ; il était aussi célèbre par sa sainteté que par sa science. La construction de la Zaouïa remonte à l'époque de sa mort (1471 de notre ère) ; c'est donc après la mosquée de la rue de la Marine, l'édifice religieux le plus ancien. Autour du tombeau d'Abd-er-Rahman sont venus se grouper ceux de plusieurs personnages diversement célèbres, entre autres celui de Hamed, bey de Constantine, ce sanguinaire farceur qui faisait dévorer par des chiens le ventre de nos soldats faits prisonniers.

La plume est impuissante à donner même une faible idée de l'impression ressentie. L'admirable panorama que l'on découvre sur la mer, les effets intenses de lumière, les terrasses successives ombragées par de beaux arbres, la fraîcheur des plantations orientales du Jardin Marengo qui bordent à gauche la mosquée et protègent de leur ombre les lieux saints, l'élégant minaret orné de faïences et d'arcades —; mais aussi le côté lugubre que présente le cimetière en partie abandonné qui étreint la mosquée, ces chapelles où sont exposés les lits de parade ou tombeaux des marabouts, la petite mosquée elle-même qui contient le tombeau d'Abd-er-Rahman entouré de hauts drapeaux et d'oriflammes, avec ses recoins mystérieux, tout cet ensemble est éminemment poétique. Je ne me rappelle qu'un monument religieux au monde qui m'ait laissé une impression aussi grandiose et aussi durable, c'est l'église Saint-Marc à Venise. C'est un souvenir, bien entendu, et non une comparaison.

Sur les escaliers qui descendent en pente douce du portail très original à la mosquée et au cimetière, sont assis, étendus ou juchés des malheureux qui, malgré les guenilles que recouvrent leurs burnous blancs rapiécés, ne laissent pas d'avoir une assez fière mine. Ils pourraient tenter le crayon d'un émule de notre célèbre Callot. Des nuées d'enfants viennent également solliciter la charité des passants, types souvent fort intéressants à étudier ! Un marchand de grosses fèves, établi avec son petit fourneau à la porte de la mosquée, m'offre sa marchandise. Pour une modique somme j'obtiens une provision énorme que je divise en plusieurs paquets pour la distribuer ensuite à la marmaille. Dieu, quel charivari ! Harcelé, bousculé, je n'ai que le temps de me sauver pour éviter de laisser mes habits entre leurs mains.

C'était un vendredi[1] le dimanche des Musulmans ; aussi les fidèles étaient-ils nombreux. Devant nous deux ou trois femmes arabes avec leurs enfants, voilées, couvertes de leurs haïks blancs ou roses, aux reflets soyeux, assez contentes de voir que nous les examinions. Et cependant la femme arabe ne pénètre pas dans la mosquée ; je ne l'y ai jamais rencontrée. Elle se tient aux alentours ou va prier près des tombeaux des marabouts. On ne la voit même que rarement en compagnie des hommes ; il faut ajouter qu'à de rares exceptions près la femme arabe de haute caste ne sort jamais.

Après avoir descendu quelques marches,

---

[1] Il existe à Alger trois jours fériés par semaine. Le vendredi pour les Musulmans, le samedi pour les Juifs, le dimanche pour les catholiques.

on s'arrête à gauche sur une petite terrasse surmontée de poutrelles où serpentent les rameaux de divers arbustes et qui donne accès par une porte à arcade byzantine à une koubba renfermant le tombeau d'un marabout. Le lit de parade à colonnes torses est couvert d'étoffes de nuances diverses, et aux quatre angles s'élèvent de hautes oriflammes et des drapeaux ornés du croissant. Des chapelets d'une grosseur et d'une grandeur inusitées pendent en guirlandes et les fidèles viennent pieusement embrasser ces reliques. Des cordes tendues dans toute la longueur de la coupole supportent des étoffes, sortes de drapeaux faisant velum. Si l'on ajoute à cette décoration quelques versets coloriés appendus à la muraille blanchie à la chaux vive, on aura la représentation à peu près exacte de tout sanctuaire consacré à la tombe d'un marabout.

En reprenant la descente de l'escalier, on côtoie à gauche les bâtiments de la mosquée proprement dite avec son minaret si élégant, à droite les anciennes fortifications turques en partie démantelées et couronnées de cactus et d'arbres verts. Puis, traversant un couloir à ciel ouvert, fort étroit, on découvre à droite et en contre-bas le sanctuaire d'un autre marabout (Sidi Mansour) décoré à peu près dans le même goût que le précédent.

Enfin, voici l'entrée de ce cimetière si original, établi sur une terrasse d'où la vue s'étend, en face, sur la pleine mer et, à gauche, sur le jardin Marengo. Rien de moins soigneusement entretenu que cette petite nécropole, où les tombes en marbre ornées de carreaux de faïence disjoints laissent voir l'herbe à travers les fissures. On reconnaît bien là l'incurie caractéristique de la race arabe qui laisse tout aller à l'abandon. Quelques coups de pinceau à la chaux vive ou à la peinture bleue sur ses mosquées et son habitation et il croit avoir suffisamment fait pour réparer des ans l'irréparable outrage. Une ou deux tombes sont plus remarquables que les autres, mais en général elles ont toutes une forme identique et une ornementation du même genre : deux bordures rectangulaires en marbre blanc ou en ardoise encastrées dans une suite de carreaux en faïence et terminées à chaque extrémité par deux plaques également en marbre s'élevant perpendiculairement et portant les noms et qualités du mort. Touchante coutume ! De petits vases sont déposés sur les tombes pour recevoir les eaux du ciel et attirer ainsi les oiseaux qui viennent s'y abreuver. A l'entrée de cette première partie du cimetière se trouve le tombeau d'Hamed bey, de sinistre mémoire. Avant de pénétrer plus loin, admirons encore la sveltesse du minaret à trois rangées d'arcades superposées et les larges frises en faïence qui le décorent. Et je ne suis pas seul à l'admirer : la plupart des artistes ou des touristes ne quitteraient pas Alger sans venir esquisser une aquarelle ou un dessin et même prendre des épreuves photographiques de cette partie du vieil Alger restée intacte et si bien empreinte du cachet arabe. Après avoir traversé un nouveau couloir et des pièces voûtées où se trouvent la fontaine aux ablutions, puis un cimetière couvert, du plus lugubre effet, dans lequel gisent çà et là des tombes détruites, renversées, on pénètre dans les bâtiments proprement dits de la petite mosquée. Bien petite en effet, car elle peut contenir à peine une centaine de fidèles. Mais sa décoration originale rachète ce qui lui manque en grandeur. Au milieu, le lit de parade du fameux Sidi Abder-Rhaman avec ses belles tentures et ses nombreuses oriflammes aux vives couleurs. Des lustres et des veilleuses en nombre considérable sont suspendus à la voûte, ainsi que de riches étoffes.

Le vendredi est pour les Arabes le jour obligatoire des prières à la mosquée : la première à la pointe du jour, la seconde entre midi et une heure, la troisième vers trois heures et demie, la quatrième au moment où le soleil se couche, la dernière enfin une heure et demie après qu'il a disparu[1]. J'a-

---

[1] C'est le *Mueddin* qui appelle du haut du minaret les fidèles à la mosquée. Mahomet, dit-on, hésita sur la manière dont il convoquerait les Musulmans à la prière. — Il repoussa les cloches parce qu'elles servaient aux Chrétiens et les trompettes parce que c'était l'appel des *Guèbres* ou *Parsis*, et il adopta finalement la voix humaine. « Quand le *Mueddin* a une belle voix, » dit Byron dans les notes du Giaour, « l'effet produit par les « derniers mots qu'il prononce : *Allah! Hu!* est plus so- « lennel et plus imposant que celui des meilleures cloches « chrétiennes. »

vais la bonne fortune d'assister à la quatrième. Le soleil, dorant de ses derniers rayons les fenêtres de la mosquée, prêtait un caractère plus grandiose à cette prière en commun. Cinquante fidèles revêtus de costumes divers, suivant leur nationalité, assis parallèlement sur deux rangs, se recueillant, puis, sur un signe de l'imam qui est en tête et placé devant le mihrab, se levant tous à la fois comme mus par un ressort et, sur une mélopée d'un caractère lugubre, se prosternant, se relevant alternativement avec l'obéissance passive d'un régiment qui reçoit l'ordre de son chef.

Un écrivain français, M. de Saint-Martin, a dit que *la prière est la respiration de l'âme*. Mᵐᵉ de Staël, dans ses études sur l'Allemagne, développant cette pensée, fait remarquer que les mystiques sont convaincus qu'il y a réponse à la prière et que la révélation de la divinité peut se renouveler en quelque sorte dans l'âme chaque fois qu'elle s'élève vers le ciel. Cette remarque peut s'appliquer à ces fervents, qu'il m'était permis d'étudier à loisir et qui paraissaient en communication directe avec Dieu.

A la sortie, je retrouve mon groupe de femmes et de jeunes filles arabes qui, étendues nonchalamment sur des nattes près du cimetière, s'offraient un léger repas composé de dattes et d'oranges. Les plus jeunes, qui pouvaient avoir de dix à douze ans, avaient enlevé leurs voiles ; elles étaient charmantes avec leur jolie carnation rose, leurs cheveux blonds comme les blés : deux petits Rubens ! Elles me souriaient gracieusement et auraient été enchantées, je crois, de faire connaissance ; mais les règlements interdisent de parler aux femmes dans la mosquée.

Cette habitude de manger dans les nécropoles est fréquente et il n'est pas rare de voir, au cimetière du Hamma près du Jardin d'essai, le vendredi, des nuées de femmes et d'enfants qui viennent là, en partie de plaisir, apportant quantités de provisions de bouche. Ce jour-là l'entrée du cimetière est interdite aux hommes. Quelles réflexions à la Schopenhauer pourrait tirer de cette coutume si étrange un moraliste plus ou moins pessimiste !

LA FATHMA

« VERA INCESSU PATUIT DEA »

Déesse de Cythère ! Je n'en disconviens pas, mais déesse dont l'existence, comme celle de ses congénères, offre au touriste en quête de nouveau une étude réellement curieuse ! Il n'est pas de magasin de photographies à Alger qui n'expose, dans les attitudes les plus diverses, dans les costumes les plus brillants, les figurantes du demi-monde algérien. Vous achetez les photographies et demandez des renseignements sur les belles mauresques. On vous engage à vous faire présenter à elles. Tous les étrangers et même les étrangères s'y rendent par curiosité.

Il est certain qu'à Paris une femme du monde se refuserait à aller voir l'intérieur d'une de nos horizontales de haute marque. Ici, aucune hésitation : l'étude des types, des costumes, le sans façon de la vie algérienne, vous permettent de risquer une excursion au pays de la galanterie !

Honni soit qui mal y pense ! Nos plus grands artistes, Fromentin en tête, n'ont-ils pas été tentés par le sujet, et les esquisses charmantes, bien qu'un peu trop idéalisées, qu'ils en ont faites, ne sont-elles pas l'excuse de la curiosité qui les a inspirées ? Il faut lire et relire dans le *Sahel* les pages attachantes que l'auteur des *Maîtres d'autrefois* a consacrées à la belle Haoûa, dont il a si bien narré et l'existence aventureuse et la mort tragique. Sans vouloir faire une incursion sur ses terres et restant bien humblement dans la sphère du simple touriste qui ne fait que prendre des impressions hâtives, j'ai eu le désir d'être présenté à Fathma et d'en crayonner la silhouette.

Un ami algérien nous sert d'intermédiaire et nous nous rendons, après avoir traversé la place du Gouvernement, dans une des rues minuscules qui avoisinent le café de la Perle, l'Alcazar d'Alger. La maison qu'occupe Fathma, qui lui appartient, est entièrement mauresque. Toujours le même décor : à l'extérieur les murs nus crépis à la chaux, percés de rares fenêtres grillées avec leurs saillies en porte à faux. Pour prévenir de notre arrivée, nous frappons à la porte d'entrée massive, garnie de clous à grosse tête et enchassée dans des jambages en pierre sculptée. Pénétrant dans un vestibule fort sombre, voûté et crépi également à la chaux, nous poussons au fond une seconde porte qui donne accès à l'escalier aux marches élevées, débouchant sur la cour intérieure *(patio)*. Autour de cette cour rayonnent quatre galeries sur lesquelles viennent s'ouvrir les portes des appartements bas. Soutenues par des colonnes en pierre sculptée, elles sont ornées d'arcades en fer à cheval et, à l'étage supérieur, elles se répètent avec les mêmes colonnes reliées entre elles par des balustrades à hauteur d'appui en bois de cèdre et découpées à jour.

La mère de Fathma, occupée à quelques travaux de ménage, nous invite à monter au premier où se trouvent les chambres de sa fille.

Fathma a dix-neuf ans; svelte, élancée, très-brune, l'œil vif et pénétrant, la bouche aux lèvres sensiblement relevées, les dents blanches mais légèrement irrégulières, elle a un peu le type espagnol. Engagée dans une conversation des plus animées avec une amie qui est venue la voir, elle nous accueille gracieusement, mais nous laisse examiner son intérieur, sans s'occuper davantage de nous. Le sujet de leur entretien doit être bien intéressant si nous en jugeons par la volubilité des paroles et les gestes animés des deux amies. Il est de bonne heure et elles n'ont fait toilette ni l'une ni l'autre. Fathma est assise sur un divan, une jambe repliée sur l'autre et pétrissant, d'une main distraite, le pied droit privé de sandale, coutume très commune chez la Mauresque. Le costume est des plus simples : culotte bouffante en gaze blanche, just'au corps en velours noir. Un foulard de soie de couleur voyante est noué négligemment autour de la tête. On voit à même la chemise qui du reste est fort courte et ne descend pas plus bas que le milieu du corps ; au-dessus des hanches s'attache par des glands la culotte bouffante ou plutôt les culottes (car les femmes en portent souvent plusieurs, de nuances diverses, l'une sur l'autre, ce qui donne à leur démarche une tournure toute particulière). Cette culotte est nouée à mi-jambe et le bas dessine le mollet sur lequel s'enroulent un ou plusieurs bracelets. Le malheur est que la majorité des femmes arabes, je parle de celles que l'on voit dans les rues, ne portent pas de jarretières et que par suite le bas retombe disgracieusement sur le pied. Fathma veut bien nous montrer qu'elle est nantie de cet appareil si cher aux Parisiennes et la complaisance qu'elle y met nous donne l'occasion d'admirer une jambe fort bien tournée. Nous n'osons pas pousser plus loin nos investigations ; cependant nous obtenons d'elle un renseignement tout à fait intime sur une coutume bizarre, je veux dire, celle qu'ont les femmes arabes de s'enlever entièrement le duvet dont les statues de déesses placées dans nos musées ne conservent, elles aussi, nulle trace.

La chambre de Fathma, à l'exception des nattes, tapis, coussins et des coffres à étoffes et bijoux, décorés de couleurs voyantes, est meublée à l'européenne, ce qui jure dans cette maison mauresque. Aux murs sont suspendues diverses photographies coloriées représentant la déesse de céans; ce sont les mêmes que l'on voit aux vitrines des magasins de la rue Bab-Azoun.

A la question que nous lui posons, relative à l'époque à laquelle aura lieu la soirée qu'elle avait annoncée, elle nous répond avec le plus grand sérieux : „Je devais la „donner le 6 mars; mais, le gouverneur „général ayant une grande fête ce jour-là, „je changerai la date et préviendrai les „personnes qui m'ont témoigné le désir d'y „assister".

Pas de commentaires!

Nous lui laissons notre adresse en la priant de ne pas nous oublier et, le lendemain, j'étais prévenu que la soirée aurait lieu le 3 mars à 9 heures du soir.

DANSE D'ALMÉES

3 mars 1886.

Fidèle au rendez-vous, notre petite troupe se grossit de quelques étrangers, notamment d'un gros anglais, doublé de sa moitié. J'ouvre une parenthèse pour faire remarquer que les soirées dans le genre de celles données par la Fathma, ne sont généralement organisées qu'avec le concours de guides comme Hamoud ou même de garçons des grands hôtels qui réunissent les spectateurs en nombre suffisant pour pouvoir couvrir les frais de la représentation. La somme à payer est de dix francs par tête.

Lorsque nous frappons à la porte de la maison mauresque, on entend déjà à l'intérieur le bruit des tambours de basque. La fête se donne dans le *patio*, éclairé simplement par des bougies fichées dans les traverses en bois reliant entre elles les colonnes des arcades. Des branches d'arbustes décorent le fût des colonnes ; des tapis et des nattes couvrent le pavé ; des chaises, des fauteuils ont été disposés pour les invités dans les galeries qui entourent le patio. Au milieu, un grand plateau et un vase en cuivre orné de fleurs, autour desquels sont installées et accroupies cinq musiciennes indigènes, dont une négresse, malheureusement d'un âge trop respectable. Le chef d'orchestre, une forte brune, joue de l'alto, à la manière italienne, c'est à dire l'instrument posé sur la hanche ; les autres manient le tambour de basque et la *darbouka*, instrument bizarre formé d'un long vase en terre cuite, dont le fond est une peau de baudruche.

Au moment où nous arrivons, cet orchestre, qui ne rapelle nullement ceux de Colonne ou de Lamoureux, est en train de s'accorder à un diapason rien moins que normal. Puis l'alto prélude seul par une mélopée dans le mode mineur ; bientôt les autres instruments se mettent de la partie et enfin les artistes chantent, en continuant à s'accompagner.

Au bruit de cette harmonie langoureuse, un peu monotone et même étrange pour une oreille européenne, mais qui néanmoins ne manque pas de caractère, la maîtresse de maison fait circuler sur des plateaux du café maure dans de charmantes petites tasses.

Profitons de cet entr'acte pour parler des danseuses que nous verrons s'escrimer dans quelques instants : Fathma d'abord, puis Mouni, beau type de femme mauresque, un peu forte avec les cheveux légèrement crépus, et enfin Doudja à l'œil tendre et égrillard, les cheveux teints de henné, ce qui leur donne une couleur rouge fauve. Toutes les trois ont les sourcils noircis et allongés par le Koheul[1] et sont revêtues de leurs plus

---

[1] Les femmes turques et grecques couvrent ordinairement leurs yeux d'une teinture noire qui, à quelque distance ou bien aux lumières, ajoute beaucoup à leur vivacité. Je pense même que nos dames seraient enchantées de connaître ce secret ; mais, dans le jour, l'artifice est trop visible. Elles colorent aussi leurs ongles ; mais j'avoue que je ne suis pas assez faite à cette mode

riches costumes qui ne diffèrent que par la couleur des étoffes.

La description du costume de Fathma donnera donc une idée à peu près exacte des autres :

Une culotte (seroual) des plus larges et des plus bouffantes en soie bleue épaisse, recouverte de larges fleurs tissées en argent, est retenue à mi-jambe et laisse voir de charmants bas blancs, à bandes soyeuses. De fines babouches en étoffe brodée d'or enserrent le pied. Par dessus la culotte attachée à la taille par de beaux glands retombants est jetée une jupe jaune filigranée d'or. Le buste est emprisonné dans un corsage en velours noir orné de broderies d'or, légèrement décolleté au milieu ; les bras sont nus. Sur la tête est noué, un peu par côté, un beau foulard lamé d'argent — de riches diadèmes, dont l'un est même fixé sur le front, complètent l'ornement de la coiffure. Il faut ajouter à cet ensemble vraiment chatoyant

---

pour la trouver gracieuse. (Lettre de Lady Montagne à la comtesse de Mare.)

une profusion de bijoux autour du cou et de bracelets aux bras et aux jambes. Un des colliers est formé de louis de 20 fr. et d'une pièce d'or de 100 fr., portant l'effigie de Napoléon III. Je me suis laissé dire que chaque pièce représentait une bonne fortune et servait à constituer la dot future ! La perte du capital, selon le mot d'Alexandre Dumas fils, était compensée par un capital métallique dont le premier venu pouvait constater l'importance, s'il n'était disposé à le grossir *pro parte suâ*.

Aussitôt le café pris, café un peu épais mais ayant un réel parfum, l'orchestre reprend de plus belle et la danse commence. La danse du Ventre ! Elle est trop connue pour que j'en donne une description détaillée. A première vue, elle est monotone. L'almée portant de ses deux mains un foulard devant les yeux qu'elle lève parfois au ciel, piétine sur place, se tordant, se cambrant avec plus ou moins de force suivant le rythme musical qui ne fait que s'accélérer, jusqu'au moment où la danseuse épuisée s'arrête vaincue par la fatigue. Mais les mouvements sont toujours les mêmes, sauf à un instant où l'orchestre ralentissant le rythme, l'almée se baisse insensiblement jusqu'à terre, exécutant toujours les ondulations des hanches, mais plus accentuées, ce qui donne à cette partie de la danse un caractère légèrement lubrique.

L'habitation mauresque et son décor original sont pour les almées une mise en scène indispensable. Je me souviens toujours de certaines représentations qu'une troupe d'almées vint donner à Paris au Théâtre des Folies-Bergère, il y a quelques années ; elle n'eut aucun succès, tandis que le ballet dit *des almées*, dansé peu de temps auparavant par des ballerines françaises sur la musique d'O. Métra avait été très applaudi. Ici, au contraire, malgré la monotonie de la danse, cette exhibition est très pittoresque. Rien de plus régalant pour les yeux que tout cet ensemble de costumes chatoyants, que ces types variés de musiciennes accompagnant avec entrain la danse, y prenant le plus vif intérêt, s'animant au point d'exciter les almées, riant entre elles toutes, danseuses et musiciennes, paraissant enfin oublier les spectateurs et agir pour leur unique plaisir. Cela est si rare qu'il ne faut pas oublier de le noter. Quel charme également de voir de la galerie supérieure, en restant dans l'ombre, le *patio* inondé de lumière et de couleurs vives et éclatantes!

Nos trois danseuses travaillent d'abord séparément, puis Fathma et Mouni exécutent à elles deux les mêmes ondulations. Parfois le rapprochement des corps vient ajouter du piquant à la chorégraphie. Enfin une négresse laide à faire peur, montrant une rangée de dents formidables, esquisse un pas de sa façon d'un comique achevé — „C'est le „diable se démenant dans un bénitier", me souffle un voisin. — Tout le monde rit à se tordre, même les musiciennes et les almées qui échangent entre elles des lazzis dont nous ne pouvons saisir le sens.

La note la plus gaie est donnée par notre gros anglais qui, probablement émoustillé par les poses lascives des almées, veut absolument exécuter la danse du ventre avec Fathma. Il oublie sa tendre moitié pour courir après la maîtresse de céans, lui faire la cour à sa manière en frappant ses frêles épaules de ses larges pattes, avec de gros rires bruyants. Oh! la vertueuse Albion!

Mais il se faisait tard; nous abandonnons la place, laissant quelques amateurs acharnés assister à la fin de la fête et très satisfaits, quant à nous, d'avoir pu, à défaut des danses de véritables almées qui n'existent plus à Alger, nous donner une idée d'une fête vraiment mauresque.

FACE ET REVERS DE LA MÉDAILLE
PHYSIONOMIES — TYPES

PAUL BOURGET — CHARLES LAGARDE

15 mars 1886.

J'ai lu, depuis mon arrivée à Alger, nombre de volumes, quantité de brochures sur Alger et l'Algérie. On peut classer les auteurs en deux catégories bien distinctes : Les artistes[1] et les esprits positifs — ou, si l'on préfère, les contents et les mécontents. Cette classification s'applique également aux voyageurs. Celui-ci part avec l'idée très

---

[1] J'entends par artiste non pas tant celui qui tient une plume, un pinceau, un ébauchoir, mais celui qui sait comprendre la nature, l'interpréter, l'aimer passionnément et y puiser des forces pour le bon combat.

arrêtée de faire un voyage fructueux et, sachant écarter les ronces du chemin, les dédaignant même, trouve partout la note juste, intéressante ; — celui-là se met en route, bondé à l'avance de critiques toutes prêtes à éclater et ne sait que voir tout en noir. J'admire le premier, je plains le second. N'avais-je pas un ami qui, après bien des voyages, en était arrivé à cette conclusion que la photographie était la plus belle invention du siècle, puisqu'elle lui permettait de visiter toutes les parties du monde, sans quitter son fauteuil !

Pour rester dans la vérité en parlant d'Alger et de l'Algérie, il y a lieu d'étudier *la face*, mais *aussi le revers de la médaille*. Les artistes, les touristes, qui ne s'en tiennent pas uniquement à l'étude d'Alger et vont au loin chercher des sensations, n'ont pas à s'inquiéter des misères que l'on ne rencontre pas ici, du reste, en plus grand nombre que dans bien d'autres pays. Ils n'ont qu'à étudier, à admirer la magie du soleil, la beauté des sites et des monuments, les coutumes et les mœurs. — Au contraire, le voyageur, esprit positif, débarqué à Alger, soit pour rétablir sa santé, soit pour passer la saison d'hiver, qui y reste fixé, est amené forcément à souligner chaque jour les défauts de la cuirasse ; il arrive à les exagérer. La critique est si aisée !

Puis, à vrai dire, combien rencontre-t-on de voyageurs qui sauront voir l'Afrique avec les yeux de l'Arabe ? Ils apportent avec eux le culte de leurs souvenirs, du paysage qu'ils préfèrent ; ils ne retrouvent pas sur le sol africain les forêts de Fontainebleau, de Compiègne, les sites charmants des environs de Paris — j'irai même plus loin, les tableaux grandioses des Alpes. Aussi sont-ils désorientés en présence de cette terre étrange où la magie du soleil tient la plus grande part. Découragés après quelques semaines d'excursions, ils repartent sans avoir compris.

Charles Lagarde, dans son étude remarquable sur l'Algérie : *Une promenade dans le Sahara*, raconte cette petite anecdote qui révèle encore mieux que je ne pourrais le faire le jugement de la grande majorité des *esprits positifs* qui visitent l'Algérie.

„Un des hommes de notre escorte, me voyant un jour écrire au crayon, me demanda en riant si je prenais des notes sur le pays.

„— Certainement, lui dis-je.

„Il fut très étonné.

„— Mais, fit-il, qu'avez-vous pu remarquer ; il n'y a rien."

Étudions d'abord *la face de la médaille.*

Quel plus beau panorama que celui d'Alger, vu, soit de la pleine mer, à l'arrivée, soit des hauteurs qui bordent le golfe dans toute son étendue, soit de ce magnifique quai, dénommé boulevard de la République ! Que de descriptions poétiques, de tableaux, d'esquisses n'a-t-il pas inspiré ! L'impression ressentie peut certes être comparée à celle qu'inspirent les vues de la baie de Naples et du Bosphore !

Du large quai auquel on accède par des rampes successives ou par de vastes escaliers on domine immédiatement la mer dans toute sa splendeur. Quel tableau ! Il faudrait la palette d'un Delacroix, d'un Decamps, d'un Fromentin, d'un Diaz pour rendre les diverses tonalités, passant du bleu intense au vert de l'émeraude, du pourpre à l'or, de l'or à l'argent, que revêt cette traînée lumineuse qui glisse plus ou moins étendue le long de la côte jusqu'au cap Matifou. Et, comme fond du décor, les chaînes élevées, accidentées et couvertes de neige du Djurdjura, tantôt estompées d'une légère brume *bleutée*, comme dans les charmants paysages de Breughel de velours, tantôt revêtues des teintes roses les plus délicates, rappelant la couleur des Alpes dolomitiques, au beau pays du Tyrol !

Pénétrons dans la ville par la place du Gouvernement, ouverte du côté de la mer, au-dessus de l'escalier de la Pêcherie, bordée sur trois côtés par de hautes maisons à arcades, par l'hôtel de la Régence avec son jardin de palmiers et de bambous, et enfin par la blanche mosquée Djama Djedid, qu'avant la construction du boulevard de la République la mer venait battre de ses flots écumeux. Dans la partie la plus rapprochée du boulevard s'élève assez fièrement la statue équestre en bronze du duc d'Orléans, dont le piédestal est orné de bas-reliefs représentant divers faits d'armes auxquels il a assisté[1].

Avec le boulevard de la République, les rues Bab-Azzoun et Bab-el-Oued qu'elle relie, cette place est le cœur d'Alger. Il faut voir en hiver, le matin, lorsque le soleil bat son plein — et le soir, à la musique militaire, le nombre de promeneurs aux costumes les plus variés. Comme le mélange des couleurs, surtout ayant pour repoussoir la blanche mosquée de la Pêcherie, est harmonieux ! Quel papillotement ! Voici l'Arabe si bien campé dans son burnous blanc ou noir — le nègre aux formes athlétiques — la Mauresque si bien emmitouflée dans son haïk blanc ou rose — quelquefois une femme de Laghouat, du Djebel-Amour ou une Ouled-Naïl, la tête couverte de nattes retombantes et de diadèmes, surchargée de bijoux, les sourcils allongés et avivés par le Koheul, ayant l'apparence d'idoles — puis nos Françaises d'Alger toujours si coquette-

---

[1] Sur une plaque de bronze encastrée dans le piédestal est inscrite la dédicace suivante: « L'armée et la population de l'Algérie au duc d'Orléans, prince royal, 1842.

ment mises — les étrangers avec leurs casques blancs pour éviter l'ardeur du soleil, les Anglaises avec leurs toilettes excentriques, enfin, émergeant sur tout cet ensemble, les costumes militaires. C'est un véritable kaléidoscope. Pour le nouveau venu, l'œil est absolument dérouté et ne sait tout d'abord où se fixer.

Si nous continuons notre promenade dans la ville basse, nous trouvons l'animation aussi grande dans les rues Bab-Azzoun et Bab-el-Oued, sur le boulevard de la République, unique au monde par son étendue, qui se développe de l'Amirauté au fort Bab-Azzoun. Alger ne possède que 71,000 habitants environ ; mais le mouvement qui y règne est aussi considérable que dans les plus grandes villes de France. Cela tient à deux causes principales : l'impossibilité pour les Algériens de s'étendre par suite de l'enceinte des fortifications qui les étreint de toute part — puis le nombre de plus en plus important des étrangers qui viennent chercher un climat tempéré pendant la saison d'hiver.

Tout en déplorant la destruction de toutes les constructions arabes qui descendaient autrefois jusqu'à la mer, et en regrettant que la cité française n'ait pas été élevée, comme nous l'avons déjà exposé, sur les terrains de l'Hippodrome en dehors des fortifications qui sont destinées à disparaître dans un délai plus ou moins bref, il faut louer l'intelligence artistique qui a présidé à l'édification de ce quai majestueux et des hautes maisons qui le bordent. Des cafés nombreux qui y sont installés, on jouit d'un coup d'œil ravissant : tout un monde de promeneurs à pied, à cheval, en voiture, de troupes se rendant à l'exercice, de spahis filant comme le vent sur leurs coursiers arabes, de troupeaux d'ânes et de mulets chargés de provisions, avec leurs conducteurs indigènes, les martyrisant à coups de matraques ; — puis, au loin, dans le port, les navires de divers tonnages, les paquebots, les petites barques maltaises, les transports de l'État, véritables monstres marins, revenant du Tonkin ou s'y rendant, les vaisseaux de guerre enfin, saluant des coups de canon réglementaires les navires étrangers entrant dans la rade. Accoudé sur la rampe à hauteur d'appui qui borde le quai dans toute sa longueur, on resterait des heures entières à suivre des yeux tout ce mouvement du port, rendu encore plus animé par le départ et l'arrivée des trains de la Compagnie P. L. M., dont la gare est installée presque à fleur d'eau.

Asseyons-nous au café Gruber, l'un des plus confortables du boulevard de la République. L'animation y est aussi grande que dans un des cafés les plus suivis des grands boulevards de Paris. Les *mercanti* indigènes, portant leurs marchandises sur les épaules ou dans des couffins, circulent autour des tables, vous offrant tapis, étoffes, bijoux kabyles et persans, babouches, porte-monnaie pailletés d'or ou d'argent, armes arabes à des prix tellement élevés qu'il faut leur rabattre le tiers, le quart du prix indiqué par eux. Voici le *négro*, avec sa bonne face joyeuse, montrant un ratelier bien désemparé, virtuose du pavé, armé du violon à deux cordes et esquissant des pas chorégraphiques d'une sveltesse qui rappelle celle de l'éléphant.

Il vous envoie, en souriant, un bonjour amical et musical si touchant qu'on ne peut lui refuser la petite obole qu'il sollicite. Mais le côté le plus pittoresque, c'est cette nuée de petits arabes, aux crânes pelés et coiffés de la *chachia* (calotte rouge). Les bras et les jambes sont nus ; leur profession est d'être cireurs de bottes et ils portent sur le dos une petite boîte contenant tous les ustensiles que nécessite leur profession.

Indiquer tous les moyens qu'ils emploient pour vous amener à leur confier la toilette de votre chaussure est impossible. Leur intelligence égale celle du gamin de Paris; mais leur gentillesse et leur amabilité sont préférables. Ils parlent un peu le français et exécutent avec la plus vive intelligence toutes les petites commissions dont on les charge. Lorsque le cirage ne donne pas, ils se livrent sur la voie publique, au mépris des voitures qui passent, à tous les jeux de clown les plus variés et y déploient une souplesse extraordinaire. L'un d'eux me tourmentait un jour pour me nettoyer les chaussures qui n'en avaient nul besoin —

„Cire les tiennes, lui dis-je en plaisantant et „je te donnerai le sol traditionnel ". — Et voilà qu'immédiatement il se met à couvrir de cirage ses pieds nus et à frotter avec vigueur pour les faire reluire. Un autre venait au devant de moi, lorsque j'arrivais au café le matin — „Viens par ici, me criait-„il; tes amis sont de ce côté." — Il avait remarqué les personnes que je fréquentais habituellement et ne se trompait jamais. Parmi ces enfants, il y en a de ravissants et, s'ils étaient un peu décrassés et mieux vêtus, ce seraient de vrais modèles à peindre aussi bien pour la tête que pour le reste du corps, dont le modelé est souvent irréprochable. Ce n'est pas toutefois parmi ces petits commissionnaires qu'il faut chercher les plus beaux types de l'enfant arabe, mais bien dans les rues tortueuses de la vieille Casbah. On en rencontre à chaque pas des plus merveilleusement beaux et je me suis surpris bien des fois à rester de longues heures à les contempler et à causer avec eux.

La vieille Casbah! Voici une mine inépuisable d'études pour l'artiste — un coin de la face ! Et d'abord tout en haut, perchée au milieu d'arbres verts, la Casbah proprement dite, la citadelle où venaient se réfugier avec leurs trésors les deys d'Alger pour fuir les révolutions des milices, repaire d'où ils pouvaient bombarder à leur aise la ville récalcitrante. Quels événements dramatiques ne se sont pas passés dans cette forteresse depuis l'année de sa fondation en 1516 jusqu'au malencontreux coup d'éventail donné par Hussein, dernier dey d'Alger, à notre consul et qui amena l'envahissement de l'Algérie par les troupes françaises en 1830! Aujourd'hui éventrée, mutilée, traversée par une route, elle a conservé, malgré les injures des hommes et du temps, un fier et rude aspect. A ses ruines peut s'appliquer cette description si vraie, si poétique, donnée de la petite cité italienne d'Orvieto par Léonce Mesnard [1] :

„En combien d'endroits l'antique enceinte, „jadis forte, aujourd'hui vouée à la destruc-

---

[1] Trois études sur l'art chrétien. — La chapelle de San Brizio à Orvieto (page 94).

„tion, s'effondre en étalant des plaies
„béantes. — Mais avec quelle ténacité con-
„tinuent d'adhérer l'une à l'autre ces pierres
„bronzées mais non usées par la vétusté,
„dont nul crépi, nul badigeon ne dissimule
„la simple et robuste nudité."

Je ne crois pas qu'aucune ville d'Orient offre un spectacle plus étonnant que la vieille cité arabe, qui s'étend au pied de l'antique Casbah et dont les rues tortueuses, étroites, descendent avec une rapidité vertigineuse jusqu'à la ville basse. Les maisons, de véritables dés, s'étayant souvent l'une contre l'autre, avec leurs portes basses, où se faufilent silencieusement les Arabes, avec leurs terrasses où se réfugie la Mauresque pour humer la brise de mer, avec leurs murs crépis à la chaux ou recouverts de peinture bleue, et percés de fenêtres étroites, grillées, flanquées de porte-à-faux, d'encorbellements, de moucharabis ; — ces passages voûtés presqu'entièrement obscurs, avec leurs ressauts si brusques, que l'on croit ne pouvoir continuer sa route ; — ces boutiques étroites, dont l'entrée comme celle de la plupart des maisons est marquée de la main du prophète et où le *Mercanti* enterré pour ainsi dire au milieu de ses marchandises, se suspend à une courroie fixée à la voûte pour atteindre l'objet qu'on lui demande ; — tous ces petits ateliers ouverts sur rue, sans devanture aucune, laissant voir les hommes assis sur des nattes, confectionnant étoffes, tapis, babouches etc... ; — les lieux de prostitution d'où s'échappe le bruit du tambour de basque — les cafés maures avec leurs bizarres fourneaux en faïence ; — le mouvement de ces rues et ruelles où souvent l'Arabe s'assied comme s'il était chez lui et tient conciliabule, où des nuées de femmes voilées, d'enfants se croisent sans cesse, surtout le vendredi, jour de la Mosquée ; — tout ce milieu constitue une ville unique au monde. Ne redoutez point vos peines ; montez à l'assaut de ces voies plus pittoresques les unes que les autres ; suivez, si vous le pouvez, les débris encore grandioses de cette ancienne enceinte fortifiée, sur laquelle croît maintenant toute une végétation tropicale ; pénétrez parmi cette population indigène, causez amicalement avec elle, étudiez surtout les mosquées à l'heure des prières ; en un mot faites vous Arabe de temps à autre ; vous reviendrez toujours, si vous avez une seule goutte de sang d'artiste dans les veines, émerveillé des tableaux qui se seront déroulés devant vos yeux et dont vous garderez un ineffaçable souvenir [1].

Une sensation encore pleine de poésie s'emparera de vous si, quittant la ville pour la campagne, vous entreprenez des excursions non pas sur les grandes routes poudreuses, mais dans ces délicieux sentiers qui sillonnent toutes les collines environnantes. Engagez-vous à l'aventure, perdez-vous au milieu de cette nature si nouvelle, vous vous surprendrez à rester de longues heures, trop courtes hélas, à admirer ces voûtes de verdure où la main de l'homme a rarement pénétré, et dans lesquelles sont artistement mélangés l'olivier sauvage étouffé sous les lianes qui l'enlacent, l'aloës aux feuilles acérées dont les tiges élan-

---

[1] Pierre Loti, dans *Les trois dames de la Kasba*, a donné une peinture très saisissante de la vieille ville arabe.

cées se découpent si bien dans la limpidité de l'air, l'eucalyptus à la feuille tremblante comme celle du peuplier, le caroubier au puissant feuillage, puis ces massifs de cactus aux larges pattes épineuses qui brillent au loin d'un éclat singulier sous les feux du soleil, enfin les charmantes fleurs dont les talus et les bois sont couverts au printemps. Au détour du sentier, par un brusque ressaut, comme si un voile se déchirait subitement, vous apercevez la mer, avec ses couleurs changeantes, couverte de petites barques minuscules filant sur sa surface tremblante comme des araignées d'eau, puis, sur le haut des collines, les majestueux pins parasol protégeant de leur ombre les blanches et coquettes villas, entourées de jardins odoriférants, où l'oranger, dans les derniers jours de mars, se couvre de fleurs, tout en gardant ses fruits d'or.

Et, lorsque la nostalgie des grands espaces vous prendra, vous quitterez Alger, ses environs, pour aller au loin dans les hautes montagnes du Djurdjura, à Biskra, à Laghouat, aux portes du désert. Vous trouverez là une initiation grandiose à la magie sauvage de la nature africaine.

Oui ! en face de cette nature primitive, sans trivialité, sans déformation, vous aurez conscience de la *Beauté*, celle dont rêve toute âme éprise d'art et de poésie. Deux littérateurs, qui ne se sont certes pas connus et qui ont suivi une route bien différente, se sont rencontrés si heureusement dans la définition du Beau, et en ont donné une idée si vraie, que j'éprouve la joie la plus vive à les réunir ici, en citant deux passages extraits d'ouvrages remarquables l'un et l'autre.

Dans son étude sur Leconte de Lisle[1], Paul Bourget, un jeune philosophe, un maître déjà en psychologie, paraphrasant ces vers de l'auteur des *Poëmes antiques* :

> Oui, l'impure laideur est la reine du monde
> Et nous avons perdu le chemin de Paros !

se demande où réside actuellement la *Beauté:* „L'âme poétique n'est pas seulement une „assoiffée de bonheur, elle est amoureuse de

---

[1] *Nouveaux essais de psychologie contemporaine.*

„la *Beauté*.... Par une loi étrange de notre
„nature, cet amour ne va pas sans une inex-
„primable mélancolie. Tout ce qui est souve-
„rainement beau ravit à la fois et torture,
„exalte et accable ; mais cet accablement est
„pire lorsque le contraste est trop fort entre
„la *Beauté* ainsi aimée dans la solitude du
„cœur et le monde visible. Et réellement
„notre civilisation moderne produit ce con-
„traste au tournant de chaque rue. Sortez
„seulement dans Paris et considérez les pas-
„sants. Toute leur personne porte l'empreinte
„des lassitudes du travail héréditaire et quo-
„tidien. Combien peu de ces physionomies
„expriment la libre félicité de la vie animale ?
„Combien moins encore le développement
„puissant de la vie morale ? Les costumes,
„dépourvus de tout caractère pittoresque et
„de toute originalité individuelle, laissent le
„plus souvent deviner des constructions du
„corps où se manifeste une double usure :
„celle du métier et celle du plaisir..... Dans
„les rides des visages, dans les regards des
„yeux, dans la contraction des gestes, trans-
„paraît la complexité d'une pensée jamais

„reposée, d'une activité morcelée, foulée,
„presque affolée. Le décor des maisons s'har-
„monise à ce peuple. La coquille s'est façon-
„née sur l'animal. Elle, comme lui, sont une
„œuvre de l'*Utile;* — mais la *Beauté*, où donc
„se rencontre-t-elle, si ce n'est par l'effort du
„raisonnement qui réunit en un faisceau toutes
„ses agitations éparses et se figure la poussée
„gigantesque de l'effort total ? Beauté souillée
„et malheureuse ! Qui nous rendra les jours
„de la grâce antique et ceux de l'*adorable*
„*Renaissance* avec la fête enivrée des sens et
„du cœur, avec les sentiments exaltés parmi
„les costumes éclatants et les architectures
„grandioses ?"

Charles Lagarde, que j'ai mentionné et que je mentionnerai encore, paraît avoir prévu la question, mélangée d'inquiétude pour l'avenir, de regrets pour le passé, posée par Paul Bourget. Écoutez sa réponse[1] :

„Le moyen âge, la Renaissance chez nous
„ont eu leur physionomie ; notre société ac-
„tuelle n'en a pas. Nous sommes avant tout

---

[1] *Une promenade dans le Sahara.*

„sceptiques, éclectiques et pratiques ; mais
„avec notre sagesse et la puissance de notre
„essor, nous poursuivons encore un idéal in-
„tangible et mal défini, tandis que les Musul-
„mans depuis longtemps ont atteint le leur.
„— Voilà pourquoi les contrées de l'Orient
„sont poétiques. Elles ont les splendeurs d'un
„azur sans taches, les lignes purement décou-
„pées dans la lumière blonde, les végétaux
„charmants ; et l'homme y est resté simple.
„Il n'est pas allé chercher son idéal en de-
„hors de la nature qui l'enveloppe, dont, en
„quelque sorte, il émane ; il entre dans ce
„grand concert avec des notes justes, parce que
„son inspiration est née du milieu même qu'il
„remplit ; et il a trouvé le vrai qui est le
„beau. Son âme s'est racontée dans ses mos-
„quées, dans ses palais, ses douars, jusque
„dans les traits de son visage, dans ses
„moindres gestes. Il a été artiste à son insu
„et si grand artiste qu'il s'est incrusté lui-
„même dans son œuvre et en est devenu
„comme une partie intégrante. — Considérez
„une bourgade française remplie de gens en-
„dimanchés ; qu'est-ce qu'un peintre fera de

„cela? Rien. Nos paysans, nos citadins, nos
„villes, nos champs, tout ce qui sort de nos
„mains est laid. Nous avons des arts brillants,
„mais c'est à part. Nos édifices, nos tableaux,
„nos statues sont des choses en dehors de la
„vie commune et de l'aspect général. C'est
„notre tribut payé consciencieusement à l'i-
„déal, au culte du *beau*; mais l'idéal, le beau,
„le vrai, l'harmonie sont absents de tout le
„reste. Notre coin de terre faussé, mutilé,
„équarri est un domicile confortable; il n'ex-
„prime rien de nous; notre âme est ailleurs...
„Notre vie réelle, journalière est plate, étran-
„gère à peu près à toute contemplation, à
„tout sentiment de la nature. Avec un esprit
„raffiné, nous vivons dans un paysage taillé
„à l'équerre, dans des maisons ridicules et
„vêtus comme des singes à la foire. Nous ha-
„billons la création comme nous nous habil-
„lons nous-mêmes, d'une façon atroce, exhi-
„larante, injurieuse pour le Créateur. On
„dirait que la *nature spontanée* nous fait hor-
„reur, tant nous prenons à tâche de la dé-
„couper, de l'aligner, de la peigner. C'est
„plus que du faux goût, c'est une haine dé-

„clarée ; c'est sans doute le dernier mot de
„la lutte de l'homme contre les forces inertes,
„c'est l'outrage après la victoire. — L'Arabe,
„lui, n'a point d'esthétique, mais il a mis
„partout son âme, une âme jeune et naïve ;
„il est artiste, il est poëte, à force d'être
„poétique, dans ses ksours, ses huttes, ses
„habits, ses moindres ustensiles, toutes choses
„qui sont bien comme elles sont et dans le
„ton exact. S'il sort du ton, c'est qu'il nous
„imite. Il ne saurait produire rien de laid et
„lui-même est toujours beau. Il est vrai, on
„peut le peindre, fût-il chassieux, immonde,
„sordide, mendiant. Delacroix, Decamps,
„Bida tireront de lui un chef-d'œuvre. Ha-
„billez ce pouilleux de vos défroques, alors
„seulement il sera laid, c'est-à-dire faux.
„J'écoute l'hymne parfait que chante le bel
„Orient. J'aime ce pays et n'en veux rien
„dédaigner : tout y a un sens, tout y est
„saisissable, intelligible, tout y est fête pour
„les yeux. C'est un pays plastique et qui se
„raconte lui-même : je n'ai qu'à le laisser
„parler."

Charles Lagarde est épris des civilisations

primitives, des natures primesautières ; l'enthousiasme dont il est pénétré et qui doit être le compagnon inséparable de celui qui voyage, sous peine de ne jamais être enivré de la nature qu'il traverse, l'a amené à porter son attention exclusivement sur les nations orientales, vers lesquelles son âme s'était sentie de prime abord attirée, à l'exclusion de toute autre. Aussi, et j'en demande bien pardon à sa mémoire, serait-on amené à reconnaître quelques exagérations, surtout à remarquer bien des lacunes dans le portrait qu'il trace, avec une sorte de mépris et de haut-le-cœur, de la mère-patrie et même des peuples européens, chez lesquels il n'aura pas su trouver ce sentiment, cette notion du *Vrai* qu'il recherche avant tout. Oui, certes, il voit juste lorsqu'il nous dépeint l'Arabe si bien placé dans son cadre : climat, végétation, types, costumes, monuments, habitations, tout concourt à l'harmonie du tableau. Mais cette harmonie, est-ce à l'Arabe lui-même à qui il faut en faire remonter la gloire, en est-il l'auteur? Le soleil, ce soleil puissant, ardent, n'est-il pas l'unique cause de cet ensevelissement des nations orientales qui les rend stationnaires et amoureuses d'un silence plein de charmes ? Ce temps d'arrêt immuable leur donne une physionomie tellement caractéristique, qu'on se les représente, en remontant le cycle des âges, absolument telles qu'elles étaient à leur formation. Ces types si variés, si accentués que l'on est à même d'étudier à Alger et en Algérie — escouades d'ouvriers employés aux durs labeurs du port ; — cavaliers si curieusement campés sur leurs coursiers ; — escortes d'indigènes arrivant du désert avec leurs chameaux, leurs troupeaux ; — tribus dans leurs douars ; — femmes de Kabylie, de Laghouat, de Djelfa avec leur tatouage et leurs costumes d'idoles ; — Mauresques enveloppées comme des momies dans leurs haïks, ne rappellent-ils pas les attitudes, les silhouettes à peu près exactes de ces peuples d'Utique, de Carthage, si bien reconstitués par Flaubert dans sa *Salammbô ?*

Les peuples du Nord, auxquels un climat rigoureux impose un mouvement, une agitation fébriles, presque continuels, n'ont pu, comme les nations orientales, conserver cette stabilité et par suite, envahis par l'esprit de recherches scientifiques, de confort, ont abandonné peu à peu les mœurs, costumes, habitations de leurs ancêtres. — Toutefois, est-ce à dire que nous ne retrouvons plus en Europe cette note du *Beau* qui émeut toute âme réellement artiste ? N'est-il donc plus possible de vivre, de sentir ailleurs qu'aux pays de l'Orient ? Nos villes *modernes*, je le concède, sont toutes jetées dans le même moule, et on peut avoir un sentiment de tristesse en regardant l'avenir qui nous prépare un monde nivelé, équarri, sans art, absolument trivial. Nos costumes, je le sais, — du haut en bas de l'échelle sociale, sont aussi laids que nos demeures. Mais, aux portes même de cette civilisation toute de positivisme du XIXe siècle, nous possédons encore heureusement des souvenirs intacts de l'antique, du moyen âge, de la Renaissance si chers à *Paul Bourget*, à *Charles Lagarde*. Certaines cités du continent, pleines de poésie, ont su garder jusqu'à nos jours, purs de tout alliage, les monuments, les habitations, les richesses artistiques d'un autre âge. Les délicieux souvenirs que ceux rapportés de villes comme Rouen, Caen, avec leurs monuments gothiques et romans, Arles, Nîmes, Avignon avec leurs restes grandioses de l'antique et du moyen âge, de ces châteaux féodaux ou de la Renaissance si bien mis en lumière par Viollet-Leduc ! Et, en dehors de la France, quelle poésie dans ces cités, merveilles de trésors archéologiques, telles que Vérone, entourée encore des remparts de San-Micheli, avec les tombeaux en pleine rue des Scaligers, — Venise, endormie dans les bras de l'Adriatique, — Florence, Rome. — Nuremberg avec son enceinte fortifiée, ses vieilles églises, ses musées, des maisons comme celle d'Albert Dürer — et dans bien d'autres centres artistiques ! Cette *Fête enivrée des sens et du cœur* nous la retrouvons parmi les vestiges si bien conservés du *Passé*; nous en avons ressenti les effluves, non plus, il est vrai, parmi les costumes pittoresques qui ont à peu près entièrement disparu, mais au milieu de ces architectures merveilleuses, de ces richesses artistiques, qui permettent de remonter le cours des ans et de vous transporter en pensée aux époques où la beauté régnait en souveraine.

Le revers de la médaille peut se résumer en quelques aphorismes, dont voici les principaux :

— Le parfum de l'Arabe n'a rien de commun avec les parfums de l'Arabie.

— La politesse des hôteliers n'a rien à voir avec l'hospitalité dite écossaise.

— La nourriture et l'aménagement des hôtels sont encore, à peu d'exceptions près, à l'état primitif.

— Le climat, même dans la saison hivernale, n'est pas tel qu'on s'est plu à le représenter.

Et bien d'autres, que je passe sous silence, n'ayant aucun souci de dresser un réquisitoire en règle contre notre colonie.

Mais, toutes ces misères, toutes ces imperfections ne sont pas particulières à l'Algérie. Il suffit de quitter le beau et bon pays de France pour ne plus retrouver ce bien être qui y existe et que les étrangers eux-mêmes se plaisent à reconnaître. Que vous voyagiez au nord, à l'ouest, à l'est, mais surtout au sud, dans les pays orientaux, vous aurez bien des déceptions, au point de vue du confortable.

Vous vous êtes créé un intérieur charmant; vous y avez réuni non seulement toutes les commodités de l'existence, mais encore, ce qui est devenu aujourd'hui presque pour tous une nécessité de la vie, les objets d'art — de luxe. Un beau matin, la nostalgie des voyages vous prend ; il vous semble qu'une fatigue vous est venue de vivre tous les jours de la même vie, de voir de votre fenêtre le même paysage, de regarder sur vos murs les mêmes tableaux. Le pain quotidien, fût-il de la plus entière blancheur, a cessé de vous plaire. Le nouveau, l'inconnu vous tente !

Vous voilà parti : Le train file à toute vapeur ; vous franchissez les distances avec la rapidité de l'éclair. Les premières sensations sont agréables.... mais bientôt l'estomac n'a plus la même appétence ; la nourriture vous paraît fade, pour ne pas dire plus ; les chambres d'hôtel n'ont rien de séduisant ; il n'y a pas jusqu'aux draps de lit, dont la blancheur ne laisse à désirer ; la politesse des hôteliers est en raison directe de l'argent que vous dépensez chez eux (et cette remarque n'est même pas exacte pour l'Algérie)...... Vous n'avez bientôt plus qu'un désir, si vous n'avez pas tenu compte à l'avance des misères du voyage, celui de regagner au plus vite le logis, comme le pigeon de la fable.

Laissons donc ce revers de médaille aux esprits positifs. Ne nous occupons que de nous laisser aller à des sensations, d'autant plus vives et agréables pour un artiste, qu'elles n'ont rien de commun avec ce que le vulgaire préfère.

BLIDAH

Blidah, *3 avril.*

J'ai refait ce matin la même route que j'avais suivie le 21 février dernier, lors de mon excursion à Bou-Farik. Mais le décor s'est modifié : la flore est entièrement épanouie et les arbres, tels que platanes, figuiers etc... se couvrent de leur charmante parure. Puis le soleil, bien qu'un peu voilé par le Siroco, nous laisse voir, comme à travers un léger voile de gaze, les montagnes de l'Atlas. Dans la plaine de la Mitidja, la vigne a déjà ses premières pousses et des équipes de travailleurs sont occupées à sarcler la terre. La fleur en ombelle du fenouil, avec les longues branches qui la portent, se mêle à celle du genêt épineux que l'on retrouve ici presque en aussi grande quantité qu'en Bretagne. Cette similitude me remémore un voyage fait, il y a quelques années dans cette contrée, je ne dirai pas la plus pittoresque de France, mais celle qui a peut-être gardé davantage son caractère primitif, ses mœurs, ses costumes d'autrefois; je revois aussi les délicieux paysages qu'elle a inspirés au pinceau de *Ségé*!...... Ces souvenirs, joints au plaisir très vif d'admirer la beauté du décor ainsi que les jolies fleurs du printemps qui émaillent les bords des talus et les espaces non encore défrichés, ajoutent un charme de plus au voyage. Il n'existe qu'une station entre *Bou-Farik* et *Blidah*, celle de Beni-Mered, souvenir sanglant, entre tant d'autres, de la conquête algérienne.

C'est là que le sergent Blandan, dont la tombe est au camp d'Erlon, résista jusqu'à la mort, avec une vingtaine d'hommes du 26ᵉ régiment de ligne, à 300 cavaliers arabes.

Quelques maisons mauresques et un poétique dicton arabe, voilà ce qui reste de l'ancienne Blidah, la petite rose, la courtisane! Le dicton est du Marabout-voyageur Mohamed-ben-Yussef de Milianah :

> On vous appelle une petite ville ;
> Moi je vous nomme une petite rose.

Ce n'est cependant point cette charmante fleur qui est la note dominante de Blidah, mais bien celle des orangers qui entourent la ville comme un véritable rempart et lui font une couronne blanche et odoriférante. Aussi l'appellerons-nous plutôt : Blidah la parfumée. Le terrible tremblement de terre de 1825 l'avait à peu près anéantie ; comme le phénix elle a su renaître de ses cendres, non certes aussi jolie, aussi originale qu'autrefois, mais méritant encore une partie des épithètes gracieuses et galantes, que lui avait values sa renommée d'antan.

LE BOIS SACRÉ

BLIDAH, *6 avril.*

Depuis mon arrivée, je n'avais qu'un désir, un désir d'autant plus vif qu'il était formé depuis longtemps, celui d'aller rêver dans ce *Bois Sacré*, dont on m'avait montré à Alger les photographies, pleines de promesses ! Le *Bois Sacré*, ou *Jardin des Oliviers* est encore un souvenir bien vivant de l'ancienne Blidah.

Une route ombragée de hauts platanes formant voûte, bordée de petites villas n'ayant qu'un rez-de-chaussée, vous mène par une pente douce de la porte Bizot au Bois Sacré. Toutes ces maisons de campagne, habitées pour la plupart par des officiers de la garnison, et qui portent les noms euphoniques de villas *Issert*, *Blanche*, *des Roses*, *Semper*, etc., sont cachées par des jardins minuscules où s'épanouissent les orangers en fleurs, le néflier du Japon, les roses, les aromes avec leurs belles fleurs blanches rappelant les cornettes des religieuses.

Féerie, mystère, silence, voilà les mots qui viennent sur les lèvres, lorsque l'on pénètre dans ce Jardin des Oliviers ! Il évoque également les souvenirs de la Judée, de la Palestine, — des belles et poétiques pages de Renan décrivant les rives et la flore du lac de Tibériade. A travers l'épais feuillage des oliviers séculaires, blanchit au loin la petite *Koubba* à la coupole élégante, surmontée du croissant. Aux alentours se glissent des Arabes au costume pittoresque venant s'agenouiller dans le sanctuaire ou s'endormir à sa porte. Des glycines gigantesques et leurs lianes multiples ont élu domicile sur plusieurs oliviers ; elles en atteignent parfois le sommet et retombent en grappes violettes à travers leur feuillage pâle. Les troncs de ces glycines se sont développés comme dans une forêt vierge et se sont enroulés autour de l'arbre, comme un serpent autour de sa proie vaincue. Et, de fait, plusieurs de ces beaux et majestueux oliviers ont souffert de leur étreinte puissante. C'est peut-être à cette cause qu'il faut attribuer leur dépérissement que signalait Fromentin en 1852. Malgré tout, ils ont encore un imposant aspect et leur ombrage est délicieux et refraîchissant. Dans une partie du bois murmure un jet d'eau au milieu d'un large bassin et, aux alentours, ont poussé dans toute leur force les oliviers aux rameaux puissants et renversés, les araucarias au feuillage dentelé, l'arbre de Judée et le pêcher-fleurs animant de leurs teintes roses toute cette symphonie du vert. Un détail pittoresque : à travers les maîtresses branches d'un vénérable olivier s'est logé un parasite, une plante grasse s'allongeant et grimpant comme une monstrueuse chenille verte, dont elle a la forme.

Je vais souvent au Jardin des Oliviers ; c'est une de mes promenades favorites.

LE VAL DE L'OUED-EL-KEBIR

LE CIMETIÈRE ARABE

BLIDAH, *6 avril.*

Ma seconde visite a été pour le cimetière arabe enfoui dans la gorge où coule l'Oued-el-Kebir, torrent dans le genre de ceux que l'on rencontre souvent en Suisse ou en Savoie, avec un filet d'eau qui s'augmente à la saison des pluies, à la fonte des neiges et coule à travers un large lit de cailloux et de roches. Des barrages intelligemment établis distribuent les eaux de l'Oued à plusieurs importantes minoteries installées sur ses bords, ainsi qu'à la ville de Blidah et à ses orangeries. Des lauriers-roses émergent le long de ses rives et même dans son lit; la montagne aride et couverte de genêts épineux est sillonnée de petits sentiers que suivent les indigènes pour remonter dans leurs villages. Après avoir traversé un pont de bois, la gorge se resserre, devient plus sauvage, partant intéressante; à droite un petit bois d'eucalyptus et au fond du torrent des blocs de rochers entraînés par la violence des eaux. Le cimetière ainsi que le petit village arabe, qui est à ses pieds, se trouvent à quelques mètres de *Fontaine fraîche*, à gauche de la route. Absolument cachés au milieu de figuiers sauvages, d'oliviers, de caroubiers, ils se voient à peine du chemin, et c'est par un sentier assez raide qu'on y arrive. La chaleur est intense, lourde; aussi éprouve-t-on le besoin de reprendre haleine pendant quelques minutes, après avoir écarté du bâton les chiens qui vous aboient après les jambes. Peu accueillants et même dangereux pour celui qui s'approche tant soit peu des maisons ou des gourbis, ils laisseraient entrer sans bouger, même la nuit, tout individu qui aurait eu la précaution d'enlever ses vêtements. Les maraudeurs indigènes le savent bien et c'est à la faveur de l'obscurité et en se glissant absolument nus à travers les clôtures de cactus qu'ils commettent leurs déprédations.

La maison d'école est ouverte ; à entendre le bruit qui en sort, on dirait une immense ruche avec ses abeilles bourdonnantes. A mon approche, le silence se fait, et une dizaine de petits enfants à la mine futée interrompent leur lecture en me regardant curieusement. Assis par terre sur des nattes, les jambes croisées, ils lisent tous à haute voix, avec une volubilité extraordinaire, les préceptes du Coran, sous la direction du maître. Aussitôt après mon départ, la lecture reprend et le brouhaha me suit à travers le petit chemin qui me conduit au cimetière.

Entouré d'un mauvais mur en pisé à moitié renversé, et de cactus, il ne présente pas l'aspect aussi mystérieux que celui que j'espérais ; la sensation est bien moins profonde qu'au Bois Sacré. D'un côté seulement il est protégé et ombragé par de hauts et larges oliviers au triste feuillage et par des caroubiers encore plus sombres, qui font ressortir la blancheur de huit tombes principales en forme de marabouts : dans la façade de ces petits monuments est ménagée une ouverture où est déposée une lampe à anse en terre vernissée de couleur verte, à peu près identique à celles qui ont été retrouvées en France dans les fouilles d'anciennes nécropoles ou même dans la Seine. Le tombeau de Mohamed-el-Kebir n'est pas, comme le sont ordinairement les tombeaux des saints personnages, contenu dans une Koubba, mais est exposé en plein air avec ses tentures et ses oriflammes. Les autres tombes sont toutes fort misérables, envahies par les mauvaises herbes et s'étendent au loin sur le versant de la montagne. Ce qui donne en réalité à ce cimetière son aspect sauvage et étrange, ce sont les hautes montagnes, au milieu desquelles il est enclavé, et les beaux oliviers dont les rameaux puissants ombragent une partie des tombes. Le vendredi, avec les Mauresques couvertes de leurs haïks blancs, errant à travers les tombes, l'effet doit être plus saisissant... Un souvenir des nonnes de Robert le Diable !

Mes petits écoliers ont abrégé leur lecture pour venir m'offrir leurs services, ils savent quelques mots de français et voudraient me persuader qu'ils sont tous enfants de marabout, afin d'obtenir une petite obole.

Le marabout, l'homme saint de la contrée, nous le rencontrons à la descente du cimetière, rentrant au village avec son petit âne chargé de provisions. C'est un bon vieillard, à la barbe blanche et le dos légèrement voûté. Les enfants vont pieusement baiser les pans de son burnous.

ORANGERIES — JARDIN BIZOT

BLIDAH, 7 *avril.*

Toute la nuit, un siroco d'une violence extrême n'a cessé de régner ; le vent était tellement impétueux que l'on pouvait croire à l'approche d'un cataclysme, d'un tremblement de terre. Le sommeil est impossible en pareil cas. La veille, les montagnes étaient couvertes d'une buée épaisse qui ne promettait rien de bon ; aussi la matinée est-elle pluvieuse.

Je vais prendre le moka chez mon ami Ahmed-bed-Abderrahman, qui a obtenu la faveur toute spéciale d'ouvrir, en dehors des murs de la ville, un café maure. C'est en sortant par la porte d'Alger, sur le boulevard du Génie à droite, que l'on se rend à ce curieux et pittoresque établissement. Ahmed, ex-lieutenant au 1ᵉʳ régiment de tirailleurs, aujourd'hui retraité, a fait les campagnes du Mexique, d'Italie ; il a même été fait prisonnier à Sedan. Il montre avec orgueil une montre en or qui lui a été offerte par les officiers de son régiment. Pendant qu'il me raconte dans sa langue Sabir[1] ses exploits à Solferino, à Magenta, ce qui lui a valu la médaille militaire, je fais la sieste, respirant le parfum des orangers, sous la galerie du *Patio* à ciel ouvert, dans laquelle s'installent sur des nattes les consommateurs, tous indigènes, se récréant aux échecs ou aux dames, pendant que l'un d'eux joue du *Gnebri* ou *Gombri*, sorte de petite guitare arabe à deux cordes tendues sur une carapace de tortue, recouverte d'une peau.

Puis, je fais le tour des remparts, si l'on peut baptiser de ce nom pompeux un mur en maçonnerie de peu d'élévation qui a remplacé l'ancien mur en pisé des Arabes. Cette

---

[1] Mélange de français et d'arabe.

promenade est charmante grâce aux belles avenues de platanes qui ont été plantés autour de la ville et sur les routes qui mènent, à l'abri du soleil, aux petits villages de la plaine, *Montpensier*, *Dalmatie*, *Joinville*, *Beni-Mered*. On admire en même temps les belles orangeries qui sont, pour la plupart, au nord de Blidah. L'entrée de l'une d'elles est littéralement couverte par un immense rosier blanc dont les branches n'ont jamais été touchées par le sécateur et forment une voûte superbe. Il y a deux jours seulement, les boutons étaient à peine formés ; aujourd'hui les roses, couleur thé, entièrement épanouies, sont aussi nombreuses que les feuilles. Parfum des orangers, parfum des roses, l'air en est imprégné ; une pareille atmosphère, on le conçoit, prête à une douce nonchalance, à une langueur exempte toutefois de morbidesse, qui fait le charme d'un séjour prolongé à Blidah et qui lui mériterait un peu le nom de *Capoue* moderne. Suivez une des routes, un des sentiers ombreux où murmure l'eau de l'Oued-el-Kebir amenée par de petits canaux à ciel ouvert, vous n'avez qu'à choisir entre une des nombreuses cultures d'orangers qui se présentent à vous. Vous serez bien accueilli et vous verrez quel parti l'industrie française a tiré de ces orangeries qui peuvent rivaliser avec celles d'Espagne et d'Italie et dont les produits exquis sont justement appréciés à Paris.

En continuant à parcourir ces avenues qui entourent Blidah, on arrive au Bois Sacré, dont j'ai déjà donné la description. Là, plus de culture, la nature vierge pour ainsi dire dans toute sa vigueur. On lui a laissé heureusement son cachet arabe ; si vous y pénétrez par un jour de radieux soleil ou par une nuit de belle lune, vous verrez quels merveilleux effets de lumière et d'ombre sur la blanche Koubba ! Je ne parlerai que pour mémoire du Jardin Bizot, peu éloigné du Bois Sacré. C'est un jardin français, remarquable cependant par sa belle et charmante végétation. Comme point central, un large bassin avec son jet d'eau, où coassent les grenouilles, puis de nombreuses allées ombragées par des palmiers avec leurs régimes, les cocotiers, le caoutchoutier avec sa feuille à peu près identique à celle du magnolia, le laurier-camphre, le laurier-rose, le latanier, puis les glycines flexibles avec leurs belles grappes, la spirée blanche et double, etc... Une bordure de hauts cyprès et un petit ruisseau séparent le Jardin Bizot du bivouac des turcos que l'on peut voir manœuvrer avec entrain.

MAISONS MAURESQUES — MOSQUÉES
MARCHÉ ARABE — BAINS MAURES

BLIDAH, *10 avril.*

L'intérieur de Blidah, bien que moins intéressant que ses environs, offre encore des études pittoresques à faire. — Et, lorsque je parle de l'intérieur, je laisse de côté toutes les constructions européennes qui y ont été élevées depuis la conquête et dont il n'y a rien à dire. La partie arabe de la ville, au contraire, a ceci de particulier que ses maisons, n'ayant pour la plupart qu'un rez-de-chaussée, diffèrent ainsi des habitations mauresques de la Casbah à Alger, qui s'élèvent d'un ou de deux étages. Pour avoir l'idée d'une rue arabe à Blidah, il faut se représenter une longue et épaisse muraille en pisé, blanchie à la chaux vive, plus ou moins droite sur sa base, sorte de rempart non interrompu, dont la crête peu élevée est souvent recouverte de plantes sauvages, d'herbes folles, telles que le réséda, le bouton d'or. Dans ce mur grossier il n'existe qu'une seule ouverture par maison, à forme cintrée ou byzantine, avec quelques jambages et une sorte d'auvent en tuile creuse. C'est l'entrée dans laquelle est encastrée une porte massive ornée de clous à grosses têtes et d'une large poignée ajourée en cuivre. Lorsqu'on l'ouvre, elle retombe immédiatement sur elle-même, de telle sorte qu'il est impossible de jeter un coup d'œil sur l'intérieur. Toujours le même mystère dont l'Arabe tient à s'entourer; sa vie privée doit être murée.

Je prenais des notes rapides et j'essayais d'esquisser le croquis d'une des portes, à l'ébahissement de trois ou quatre enfants qui m'entouraient, lorsqu'un Arabe sortit brusquement de la maison devant laquelle je me trouvais et m'interpella assez vivement: „Qu'y a-t-il?... que me veux-tu?" J'avais éveillé ses soupçons.

Lorsque je lui expliquai le travail auquel je me livrais, sa figure se rasséréna aussitôt et il me donna très complaisamment les renseignements complémentaires dont j'avais besoin. Sa demeure, comme celle de ses voisins, n'avait qu'un rez-de-chaussée. Aussitôt la porte refermée, on entre dans le *Patio* à ciel ouvert avec ses arcades et ses galeries, où donnent les logements de la famille, à l'abri du soleil et des regards indiscrets. Une terrasse sur le haut de l'habitation, aucune fenêtre sur rue, ce qui donne à cet ensemble de maisons basses, se touchant toutes, l'aspect d'un bastion. Le quartier est donc silencieux : de loin en loin quelques indigènes se faufilant le long de leurs demeures ou s'abordant par le baiser de paix, des femmes rentrant du marché ou du bain avec leurs enfants. Ici, la femme mauresque ne porte pas de voile sur la figure comme à Alger ; elle se contente de rapprocher avec la main les bords de son haïk, de manière à cacher presque entièrement son visage. Ce haïk est le plus souvent de laine blanche épaisse ; mais on en voit également d'entièrement rouge sang, portés plus particulièrement par les négresses : tonalité d'un degré de force et d'éclat incroyables, rendue encore plus sensible par le cadre dans lequel elle se meut, c'est-à-dire la blancheur des maisons.

Vu la rue des Koulouglis[1], où Vandell, l'ami de Fromentin, logeait lorsqu'il descendait des montagnes dans la plaine. Dans cette rue se trouve une des deux mosquées encore existantes à Blidah, *Djama Ben Sadoun*. Les abords sont envahis par une multitude de petites boutiques, dont l'une est établie dans un local à arcades qui devait faire partie autrefois de la mosquée. C'est à peine si l'on distingue l'entrée de la Djama. Le blanc minaret, à trois rangs d'arcades superposées et à encoignures dentelées, émerge au-dessus de tout l'ensemble qui ne manque pas d'originalité, mais qui fait regretter toutefois le temps où la végétation jouait un rôle important dans l'entourage du lieu saint.

La seconde mosquée (Djama turque), plus importante, s'élève rue du Grand-Café. On y

---

[1] Les Koulouglis (fils de soldats) étaient issus de l'union des Mauresques avec les Janissaires turcs; ils constituaient dans la Régence une classe à part, exclue des rangs de la milice.

accède par un escalier de sept marches ; une grille moderne en défend l'approche. Le minaret est une tour octogone qui ne tient que par un côté à la mosquée et s'élève de terre absolument comme certains clochers en Italie. L'intérieur est fort pauvre : quatre travées à arcades ogivales reposant sur des colonnes en pierre à chapiteaux assez frustes, deux ou trois galeries en bois dans le pourtour ; au fond, dans la direction du levant, le mihrab, où l'on récite les cinq prières de chaque jour, orné de carreaux en faïence et au-dessus duquel sont suspendus deux œufs d'autruche ainsi qu'un tableau quadrangulaire, très-ancien, représentant naïvement des mosquées ou marabouts entourés de fleurs. La chaire à prêcher est en bois de cèdre peint en rouge, jaune et vert.

Si l'on remonte dans la partie la plus importante et la plus ancienne de la ville arabe, du côté de la porte Bab-er-Rabah, l'aspect oriental du marché indigène a de quoi vous séduire. Aussi bien qu'à Bou-Farik on peut y étudier les types variés des indigènes arrivant de la montagne et qui s'installent dans les nombreux *Fondoucks* avoisinant le marché, sorte de caravansérail où recoivent asile hommes et animaux. Dans un vaste hangar non pavé, ouvert à tout venant, sont installés le long des murs au rez-de-chaussée les chevaux, mulets, ânes, chameaux; au-dessus, dans une galerie à jour, à laquelle on accède par une mauvaise échelle, sont étendus les conducteurs prenant leurs repas et y passant même la nuit roulés sur des nattes. Par la porte béante, des envolées de pigeons, d'hirondelles vont se nicher à travers les charpentes de la toiture; enfin, dans une ou plusieurs pièces adjacentes on prend le café. Ce milieu est assez malpropre, misérable, mais très-empreint d'originalité et bien dans son cadre. Les Fondoucks ne sont pas tous construits sur le même modèle, mais tous sont intéressants. Autour de la place même du marché, quantité de boutiques où l'indigène, assis sur des nattes, est occupé à confectionner, avec une étonnante dextérité, des burnous, à tisser des étoffes, à faire des babouches, etc.... J'ai vu là les plus beaux types de nègres que j'aie jamais rencontrés en Algérie, de vrais bronzes florentins ; des femmes kabyles portant sur le dos, comme dans un sac, leurs enfants endormis.

Mais nous voici près d'un *Hammam*, le bain maure ; une inscription en langue française nous apprend que l'établissement est ouvert de six heures du matin à midi pour les hommes et de midi à six heures du soir pour les femmes. N'allez pas confondre les heures, car vous seriez reçu, comme je l'ai été une fois à Alger, par les imprécations et vociférations du personnel féminin préposé à la garde des baigneuses. Aux heures réservées au sexe fort, on peut visiter le Hammam et il est même prudent de s'en tenir à cette visite si l'on n'est pas habitué au traitement tout particulier qu'on inflige aux baigneurs. La porte d'entrée, toujours ouverte, donne dans un vestibule orné entièrement de faïences ; un simple rideau le sépare d'une salle longue, aménagée en dortoir, en vestiaire pour recevoir les patients au sortir du massage et de l'étuve. On les aperçoit à peine à travers la lumière incertaine d'une lampe fumeuse, gisant sur des estrades ou dans des soupentes, les uns entièrement emmaillotés, les autres, déjà un peu remis des fatigues du massage, se réconfortant en prenant une tasse de thé ou en fumant le narghileh (narguilé). De ce dortoir on descend dans une pièce à peu près obscure où deux beaux nègres sont occupés à nettoyer et à blanchir avec leurs pieds des burnous blancs. Puis enfin, décor stupéfiant, l'étuve, vaste souterrain chauffé à blanc, à peine éclairé, dont les voûtes arquées reposent sur de forts piliers, entre lesquels on croit voir des malheureux soumis à la torture par quelque tribunal de l'Inquisition ou devenus des sujets d'anatomie ! Un tableau rembrannesque, non pas seulement en raison de ce côté mystérieux, de ce *clair-obscur* qui fut la note dominante de Rembrandt et la caractéristique de sa puissante fantaisie, mais aussi par ce motif que le maître hollandais eût trouvé là ces personnages à turbans, à longs manteaux, qu'il s'ingénia à introduire dans un grand nombre de ses peintures !

LIMPIDITÉ DE L'ATMOSPHÈRE

FARNIENTE — CAFÉS MAURES
UN PEU DE MUSIQUE — CARAGOUSSE

BLIDAH, *14 avril.*

Depuis quelques jours, l'Atlas a revêtu sa parure blanche. A travers les cèdres des forêts des Beni-Salah qui dominent Blidah, la neige apparaît. Aussi la température s'est-elle sensiblement refroidie et, malgré un soleil resplendissant, les vêtements chauds sont indispensables. Le ciel est d'un bleu d'azur et la limpidité de l'air est telle, qu'il est possible de distinguer, comme s'ils étaient très rapprochés, les montagnes, les arbres et les villages à l'horizon. Rien en France ne peut donner une idée de la réunion de ces deux phénomènes, qui, à eux seuls, sont d'un prix sans égal pour ces contrées de l'Orient. Souvent, après des journées de chaleur, des brouillards épais ont envahi la plaine et quelques nuages apparaissent ; il suffit d'un coup de brise pour les dissiper et balayer le ciel ; la merveilleuse limpidité de l'atmosphère revient ainsi que les chauds rayons du soleil.

Aussi rêve-t-on plutôt qu'on ne vit. La nature vous envahit au point de vous enlever toute idée de locomotion, de travail. Elle vous amènerait, peu s'en faut, à entrer dans la peau du Maure, c'est-à-dire à agir peu, rêver, fumer longuement, regarder, s'étendre sur des nattes dans la mosquée ou à l'ombre des bazars et des murs pour faire la sieste, — puis, lorsque la nuit est venue, aller entendre le murmure, la mélopée languissante et triste des bardes nationaux, accompagnés par les joueurs de flûte et de cythare.

S'il existe encore un souvenir assez frappant de ce qu'était l'ancienne Blidah, la courtisane (el Moumissa), il faut aller le chercher dans la partie arabe de la ville, située entre la porte Bab-es-Sebt et celle d'Alger.

Le soir principalement, des bruits de tambourin, de derbouka, des chants monotones s'échappent de ce quartier, réservé aux plaisirs faciles, à la galanterie. Assises sur le seuil des portes, des courtisanes (des mouquaires), aux types les plus variés, depuis la négresse jusqu'à l'Ouled-Naïl aux yeux bistrés et au visage tatoué, vous appellent. Les costumes voyants qu'elles portent, les bijoux, les fleurs dont elles se parent pour allécher l'Arabe ou le Maure, leur clientèle ordinaire, donnent une physionomie très originale au milieu où elles vivent. Plus leurs performances empruntent les attraits de la Vénus Callipyge, plus elles obtiennent les faveurs des indigènes. On en voit souvent quelques-unes quitter leur demeure, revêtues du haïk blanc ou rouge et chaussées du soulier verni (ce qui est la marque distinctive de leur profession), pour aller relancer le client.

Dans les parages de ces repaires galants sont installés les cafés chantants, portant les noms français de Prado, Apollon, etc... La plupart sont des monuments bas à arcades ou de longues salles en forme de hangars, dans lesquelles se tiennent les consommateurs assis ou couchés sur des banquettes recouvertes de nattes. Sur une estrade, dans un coin de la pièce, sont placés les musiciens. Quelques lampes fumeuses, une mauvaise horloge, le fourneau en faience où se fait le café, des tables pour recevoir les consommations et, pour vous servir, des garçons, la calotte rouge sur la tête, avec une fleur dans les cheveux, voilà le décor de ces cafés chantants qui sont tenus généralement par des Juifs. La musique est à l'avenant : un ou deux indigènes, jouant l'un de l'alto à la manière italienne [1], l'autre d'une sorte de guitare, — puis deux ou trois femmes, le plus souvent laides, à l'air hébété, fatigué, chantant sans aucune expression en nasillant horriblement et en s'accompagnant de la derbouka [2]. Quelquefois, une Mauresque d'Alger en déplacement vient donner un léger attrait à ces

---

[1] Il est à remarquer que l'*alto* est choisi de préférence au *violon*, comme s'harmonisant le mieux avec les voix.
[2] Ce sont des sujets profanes, des sentiments d'amour qu'expriment leurs chants.

séances, en exécutant la danse du ventre. Le costume est beau, à peu près identique à celui que nous avons déjà décrit pour la soirée de Fathma. Surchargée de bijoux, la danseuse porte en outre sur la tête en forme de diadème et autour du cou comme collier, des guirlandes de fleurs naturelles d'oranger. Dans les cheveux sont piquées aussi des fleurs, telles que l'œillet, la rose, entourées d'une petite collerette de papier doré.

Pourtant ce n'est pas là, selon moi, que l'on retrouve l'écho véritable du passé ; mais bien dans ces cafés maures, dont le nombre est considérable à Blidah. Comme décor, une pièce plus ou moins vaste, sans fenêtre aucune, n'ayant qu'une large ouverture sur la rue ; — des estrades couvertes de nattes le long des murs ; — de petites tables ; — des suspensions en verre, en métal ou en papier peint ; quelques instruments de musique et de petits tableaux accrochés à la muraille ; — souvent une cage contenant un rossignol ou un serin ; — quelquefois aussi une vasque en albâtre avec jet d'eau au milieu de la pièce ; — enfin le fourneau, véritable monument revêtu de carreaux en faïence bleue, dans lequel chauffe l'épais moka que l'on vous sert dans des cafetières minuscules et de charmantes tasses en porcelaine avec des rehauts d'or. Le soir, lorsque la salle est brillamment éclairée par les lampes suspendues au plafond, que les indigènes sont assis sur les estrades dans les poses les plus diverses, les uns jouant aux dames, les autres étendus, le coude appuyé sur un coussin soyeux, quelques-uns fumant le kief dans de longues pipes, ou bien encore rêvant en savourant le café, le tableau est digne du pinceau d'un Delacroix.

Il faut voir ce public s'intéresser, s'émoumouvoir même au milieu de sa somnolence, lorsque viennent le récréer ses chanteurs préférés. La scène, à laquelle il m'a été donné d'assister, est une de celles qui fait songer aux temps primitifs, tels du moins qu'on se les figure. Debout, impassible, drapé dans son long burnous blanc, le récitateur, le *Meddah* me rappelait le profil du *Christ* dans le tableau de *Munkacsy*, „*Jésus devant Pilate*". Sur un ton langoureux, il débitait des strophes auxquelles répondaient immédiatement deux joueurs de flûte[1], se balançant, se tournant vers lui, comme s'ils avaient voulu le fasciner ou l'exciter, et exécutant des variations sur le chant, mais dans un ton plus élevé. Quelquefois les flûtes sont remplacées par le *guellal*, sorte de tambour, et par le *kanoun* ou *kernoun* (psaltérion), ayant la plus grande analogie avec le *tympanon* des tzyganes, avec cette différence que les Arabes jouent l'instrument en pinçant les cordes avec les doigts, alors que les tzyganes le touchent avec des baguettes dont l'extrémité recouverte de peau est en forme de marteau. Le plus souvent aussi, le *meddah* est assis et chante en s'accompagnant lui-même du *ben daïr* (tambour de basque). Les strophes, inspirées par le Coran, sont d'une monotonie désespérante, mais d'un caractère étrange, archaïque, ayant quelque peu d'analogie avec certains chants de l'Église grecque. Ce genre de mélodie, qui n'a pas dû varier

---

[1] Flûte en bambou des Ouled-Kosseir, percée de trous, et se jouant comme le flageolet.

depuis un temps immémorial, convient à ce peuple rêveur que toute harmonie compliquée fatiguerait, et qui a besoin d'être bercé par les sons comme l'enfant par la naïve chanson de sa nourrice.

Si, en musique, le tempérament arabe ne se fait pas à un art compliqué[1], il en est de même en fait de littérature dramatique. Cette littérature ne s'est jamais élevée au-dessus des fameuses priapées de *Caragousse*[2], dont le spectacle, le seul qui existât pour les Arabes, a été interdit depuis 1843. Dans son voyage à Constantinople, Th. Gautier rend compte d'une représentation de Caragousse, qui donne bien une idée des prouesses de l'impudique personnage :

„La cour était remplie de monde. Les „enfants, et surtout les petites filles de huit „à neuf ans abondaient; de leurs beaux yeux „étonnés et ravis, épanouis comme des fleurs „noires, elles regardaient Karaghuez, se

---

[1] Les Arabes n'ont pas d'écriture musicale. Cette lacune, qui peut être une cause de variété en donnant du champ à l'imagination, contribue aussi à l'altération facile de la mélodie.

[2] Kara-Kouche, oiseau noir.

„livrant à ses saturnales d'impuretés et souil-
„lant tout de ses monstrueux caprices. Chaque
„prouesse érotique arrachait à ces petits anges
„naïvement corrompus des éclats de rire ar-
„gentins et des battements de mains à n'en
„pas finir ; la pruderie moderne ne souffrirait
„pas qu'on essayât de rendre compte de ces
„folles atellanes, où les scènes lascives d'Ari-
„stophane se combinent avec les songes drô-
„latiques de Rabelais. Figurez-vous l'antique
„Dieu des jardins, habillé en Turc, et lâché
„à travers les harems, les bazars, les marchés
„d'esclaves, les cafés, dans les mille imbro-
„glios de la vie orientale, et tourbillonnant
„au milieu de ses victimes, impudent, cy-
„nique et joyeusement féroce. On ne saurait
„pousser plus loin le dévergondage d'imagi-
„nation obscène."

A Alger, les représentations de Caragousse
étaient identiques ; mais il s'y mêlait en plus
certaines scènes dans lesquelles le fantassin
français jouait un triste rôle ; c'est la princi-
pale cause de leur suppression.

PANORAMA

BLIDAH, *16 avril*.

Le même Théophile Gautier, dans *Italia*, engage tout voyageur, avant de visiter une ville et ses environs, à monter sur une éminence, afin de pouvoir embrasser d'un seul coup d'œil la configuration du pays. C'est ainsi que du haut du gracieux campanile de la place Saint-Marc il nous donne la description fidèle et poétique de la belle Venise. Le conseil est excellent; pour ma part, je me suis toujours très bien trouvé de l'avoir suivi.

J'ai donc gravi un des mamelons qui dominent la ville, afin de pouvoir étudier, pour ainsi dire à vol d'oiseau, le panorama de la plaine de la Mitidja et des montagnes qui l'enveloppent. Traversant l'Oued-el-Kebir, où viennent s'abreuver les jolis chevaux arabes du 1ᵉʳ régiment de chasseurs, je monte jusqu'au pénitencier de Mimich qui, à lui seul, occupe la pointe d'une petite éminence de 300 mètres d'élévation, isolée bien qu'adossée à l'Atlas. De ce belvédère, pas un détail, pas un petit village, pas un bouquet d'arbres, pas une éminence dans cette vaste étendue de pays, n'échappe au regard. A mes pieds, Blidah avec son clocher émergeant au dessus de la ville française, entourée de ses vastes orangeries et de cette riche végétation, à travers laquelle apparaissent comme des cuves blanches les maisons mauresques ; — à gauche l'Oued-el-Kebir coulant au milieu de son lit de cailloux pour aller rejoindre la Chiffa ; — en deçà de Blidah les petits villages de Joinville, Montpensier, Dalmatie ; — puis la vaste plaine de la Mitidja, dont la culture riche et variée est représentée par de larges taches de diverses couleurs et au milieu de laquelle surgissent des bouquets de bois comme des îlots au milieu de la mer. Au loin, bordant l'horizon, les coteaux du Sahel s'étendent depuis les hauteurs de la Bouzaréa au dessus d'Alger, jusqu'à la haute montagne du Chenoua qui domine Tipaza et Cherchel, aux bords de la mer. Sur les pentes du Sahel de petits villages, comme Koléa-la-sainte, scintillent au milieu d'un terrain variant du vert sombre au rouge brun et plus à gauche, au-dessous du Chenoua, qui semble le prendre sous sa protection, se dresse le *Tombeau de la Chrétienne* qui, suivant les caprices de la lumière, apparaît tantôt comme un môle grisâtre, tantôt comme une immense meule de foin. Enfin, sur la même ligne que le mamelon où j'ai pris mon poste d'observation, se resserrant comme un vaste cirque pour enfermer la Mitidja et aller rejoindre le Chenoua, s'échelonnent les derniers contreforts de l'Atlas, parmi lesquels on distingue le pic de la Mouzaïa et les montagnes des tribus des Poumata et des Beni-Menad.

LE TOMBEAU DE LA CHRÉTIENNE

*La terre reprend la cendre, l'air la fumée;
L'oubli reprend le nom.*

Kbour-er-roumia, *20 avril.*

Pauvres mortels! Élevez donc un monument gigantesque à la mémoire de vos gloires.... Construisez-le dans les formes les plus étranges, les plus grandioses, rappelant les civilisations disparues des Égyptiens, des Indous; — dans des conditions de solidité, de puissance telles qu'il puisse défier la lente et destructive action du temps ainsi que la colère bestiale de l'homme. Placez-le sous la voûte du ciel, seul avec lui-même, sur un mont sauvage, isolé, entre la mer, ce royaume du bleu et la terre, ce royaume du vert: il suffira de quelques siècles pour que le nom du peuple qui l'a élevé comme celui du haut et puissant personnage, reine ou roi, dont il renferme les restes, soit à jamais perdu.

Des légendes poétiques, des appréciations hasardées et ne reposant sur aucun fait certain, voilà tout ce que l'on sait du Tombeau de la Chrétienne. De toutes ces légendes, celle que je préfère est celle qui veut qu'un pacha du nom de Salah-Raïs, prévenu que des trésors étaient renfermés dans ce tombeau[1], envoya aussitôt nombre d'ouvriers pour le détruire. Les démolisseurs se mettent à la besogne; mais bientôt apparaît sur le sommet de l'édifice, comme une blanche vision, la belle *Roumi* qui, étendant ses bras sur le lac au pied de la colline, s'écrie: „*Halloula!* à mon secours!" Immédiatement des nuées de moustiques apparaissent et se jettent sur les travailleurs qui sont forcés de se disperser et d'abandonner leur triste ouvrage.

Elle ne se montra pas malheureusement lorsque, plus récemment au XVIIIe siècle,

---

[1] Le peuple arabe croit à l'existence de trésors dans tout édifice, dont il ne peut connaître l'origine ou l'usage.

un autre pacha d'Alger, Mohammed-ben-Otsman, chercha à démolir à coups de canon, mais sans succès, le merveilleux tombeau.

Malgré ces essais de destruction, malgré les ravages du temps, il a conservé son apparence primitive. On le reconstitue par la pensée tel qu'il devait être lors de sa splendeur ; on se le représente revêtu de toutes les beautés que l'on attribue toujours à la chose regrettée.

Lorsqu'en arrivant de *Marengo* au nouveau village de *Montebello* (Sidi-Rached), on fait l'ascension du mamelon aride de 260 mètres d'élévation sur lequel est édifiée cette pyramide ronde, la première pensée est de se demander que de temps et quelle patience il a fallu pour transporter ces cubes de pierres taillées qui composent non seulement le revêtement, mais encore toute la masse intérieure du monument.

„ Haut de 30 mètres — le soubassement
„ carré sur lequel il est assis n'a pas moins
„ de 60 mètres sur chaque face. Le péri-
„ mètre de la base est orné sur tout son
„ développement d'une colonnade de 60 demi-

„ colonnes engagées, de l'ordre ionique,
„ divisées en quatre parties égales par quatre
„ portes, répondant à peu près aux points
„ cardinaux et d'une hauteur, chacune, de
„ 6^m,20. Au-dessus commence une série de
„ 33 degrés, hauts chacun de 58 centimètres
„ qui, en rétrécissant graduellement leur plan
„ circulaire, donnent au mausolée l'apparence
„ d'un cône tronqué [1]. "

A ces renseignements techniques j'ajoute que les quatre immenses portes *simulées* n'ont pas moins de 1^m,70 de large et 45 centimètres d'épaisseur. Elles sont décorées d'une grande croix en hauteur et sont contenues dans des jambages que couronnaient autrefois d'énormes chapiteaux et des entablements de 1^m,50 de large sur 2^m,60 de long.

Ces chapiteaux, ces entablements se voient encore au milieu des décombres, des éboulis immenses, résultats du vandalisme des peuples et surtout du pacha d'Alger, Mohammed-ben-Otsman. Leur décoration en forme de coquillages, d'escargots, reproduit identiquement

---

[1] Piesse: *Itinéraire de l'Algérie.*

celle des fragments qui ont été découverts à Tipaza sur les bords de la mer, à quelques kilomètres seulement, ce qui porterait à attribuer aux Romains l'érection du Tombeau de la Chrétienne. Eux seuls, du reste, étaient capables, en raison de leurs aptitudes pour les architectures grandioses et la solidité des constructions, de concevoir, d'élever un pareil monument !

L'ascension du sommet de l'édifice est un peu pénible. Comme pour les pyramides égyptiennes, il faut escalader, à partir d'une certaine hauteur, les degrés élevés qui se succèdent jusqu'au faîte et qu'envahit en partie la végétation. Mais la récompense de la fatigue éprouvée ne se fait pas attendre.

La journée était belle, un peu chaude ; le calme le plus complet régnait sur la montagne recouverte seulement de touffes de lentisques, de palmiers nains, de bruyères, au milieu desquelles apparaissaient quelques jolies fleurettes qui avaient pu trouver leur vie dans ce terrain ingrat. Les broussailles qui entouraient le tombeau avaient été brûlées par les Arabes, afin de permettre à l'herbe de pousser et de nourrir leurs troupeaux. A peine si, de loin en loin, une grosse alouette venait par son vol troubler un silence plein de grandeur et de charme. Assis sur les dernières pierres qui couronnent le monument, je ressentais une impression indéfinissable de bien-être et de douce mélancolie en présence du panorama qu'il m'était donné d'admirer. Au-dessus de moi le firmament avec cette couleur de saphir qui ne teint que les cieux du Midi ou de l'Orient ; — en face, la plaine de la Mitidja que le regard embrasse dans toute son étendue ; — à mes pieds, ce qui fut autrefois le lac Halloula, rendez-vous des chasseurs d'oiseaux aquatiques, aujourd'hui desséché, en partie cultivé, en partie recouvert de tamariniers, d'arbousiers, à travers lesquels s'étalent par endroits de larges flaques d'eau. A l'horizon s'étagent les montagnes de l'Atlas d'un bleu velouté avec les dépressions des gorges de la Chiffa, de l'Oued-Djer, puis les pics du *Zakkar* et de *Zurich* ou *Dent du Lion*, enfin les dernières chaînes venant rejoindre, en forme de cirque, la haute croupe du Chenoua, dont la base

plonge dans la mer. A la base même de la colline, blanchit la route qui se dirige à perte de vue sur Koléa, le long des pentes du Sahel, du côté de la plaine de la Mitidja.
— Si l'on se retourne, la vue, quoique bien différente, n'est pas moins splendide. Au premier plan, les petits mamelons qui descendent à la mer, où paissent des troupeaux de chèvres ; les blanches fumées d'une ou deux charbonnières glissent lentement dans l'atmosphère comme de légers nuages. La pleine mer avec ses belles teintes azurées s'étend aussi loin que l'œil peut embrasser l'horizon. Le long de la côte, déchiquetée par de petites anses plus ou moins profondes et sur laquelle se dessine à gauche le phare avancé de la moderne Tipaza, ainsi que le cap Chenoua avec sa baie et ses carrières de marbre, court comme un fin ruban la route de Cherchel à Alger ; on distingue même très nettement à droite le joli village de Castiglione (Bou-Ismaïl) et, tout à fait au loin, le cap Matifou.

La visite du Tombeau de la Chrétienne ne procure pas seulement l'émerveillement du spectacle que j'ai cherché à rendre et les vives impressions qui en sont inséparables; elle réserve de plus la surprise d'une exploration intérieure. D'habiles sondages, opérés en 1866, ont fait découvrir des cavités bâties et si, à la lueur d'une torche, on entreprend le voyage souterrain des galeries et des chambres mises à jour, on revient plus porté encore à croire que ces voûtes si solides, si résistantes (puisqu'elles ont conservé jusqu'à nous leur état primitif) remontent au temps de la domination romaine. Malheureusement aucun vestige de sépulture, aucune inscription, aucun objet précieux n'ont été trouvés, qui aient donné une indication précise sur l'époque de sa construction et sur sa destination. Il n'existe de sculpture à l'intérieur que sur le linteau de la porte basse du principal couloir; elle représente un lion et une lionne taillés en demi-relief dans la pierre et posés là comme des armoiries au-dessus du pont-levis d'un castel ou bien plutôt comme des sphynx chargés d'en défendre l'entrée.

Était-ce même un hypogée? La question tout entière reste à résoudre et de nouveaux sondages intelligemment entrepris amèneraient peut-être à découvrir le fameux secret si bien gardé jusqu'à ce jour par le Tombeau de la Roumi. En toute occurence, il appartient au gouvernement français, qui sait protéger dans la métropole les monuments classés comme historiques, de réparer un édifice qui n'a pas son pareil en Algérie et qui est peut-être unique au monde.

Le soir, en reprenant la route de Marengo, on apercevait au loin sur les montagnes de larges feux autour des gourbis occupés par les Arabes.

LES RUINES ROMAINES
LES NÉCROPOLES

> .....La terre s'ouvre, un peu de chair y tombe,
> Et l'herbe de l'oubli, cachant bientôt la tombe,
> Sur tant de vanité croit éternellement.
> LECONTE DE LISLE (*Poèmes barbares*).

Tipaza, *22 avril.*

Lorsque de Marengo, dernier village de la plaine de la Mitidja, si bien enveloppé dans ses beaux platanes, on prend la direction du nord, c'est-à-dire celle de la mer, on traverse une véritable forêt, peu étendue il est vrai, puisqu'elle n'a environ qu'une longueur de mille mètres sur une largeur de cinq cents, mais qui vous surprend d'autant plus agréablement que dans le Sahel on ne trouve maintenant en fait de bois que des touffes de lentisques, de palmiers nains, d'arbousiers.

La forêt de Sidi-Sliman a de plus un caractère bien particulier, très pittoresque qui ne rappelle en rien nos forêts de France. Certaines parties sont absolument vierges. Les essences les plus variées sont si mêlées les unes aux autres, les lianes les plus folles ont tellement envahi les troncs et les rameaux des ormes, des chênes verts, des oliviers, des trembles, qu'il faudrait la hache pour pénétrer dans les fourrés, à travers lesquels les rayons du soleil ne peuvent se faire jour. A peine si deux ou trois sentes permettent au piéton de se guider à travers cette frondaison inextricable. Au moment même où nous arrivions à la forêt, une bande de chasseurs avec une meute nombreuse en débouchait. Hommes et chiens paraissaient exténués; la chasse au sanglier avait été pénible. Leur costume de colon était assez crâne et ne manquait pas de couleur : larges chapeaux mous, veste courte, épaisse ceinture de flanelle rouge et hautes bottes en cuir jaune. L'un d'eux avait un cor de chasse passé en sautoir. Cette tenue devait être celle du colon, hardi pionnier aux premières époques de la conquête, alors que, moitié soldat, moitié agriculteur, il maniait aussi bien le fusil que la charrue, en défrichant des terres absolument incultes. Et ce serait bien ici le lieu de rappeler quelle somme de courage, de patience, de labeurs, de ténacité opiniâtre il a fallu à ces premiers occupants pour vaincre les difficultés de toute sorte qui naissaient sous leurs pas. Tout était à créer ; les collines du Sahel étaient entièrement couvertes de bois ; la plaine de la Mitidja n'était que broussailles ou marais non desséchés. Lorsque, après bien des efforts et des luttes fréquentes avec les indigènes, des défrichements avaient été opérés, les fièvres venaient décimer la population, comme à Bou-Farik, à Beni-Mered et en tant d'autres lieux. Aujourd'hui encore cette terrible épidémie épuise les colons qui habitent certaines parties de la plaine dans les environs de Marengo et de Montebello.

Lorsque l'on quitte la forêt de Sidi-Sliman, on entre dans la vallée du Nador et l'on traverse plusieurs cours d'eau ou torrents profondément encaissés qui, se côtoyant et se confondant, forment l'Oued-Nador, dont les eaux vont se jeter à la mer dans la baie du Chenoua. Après avoir dépassé la ferme Durand, on arrive au nouveau village du Nador, réputé pour ses vignobles, puis plus loin à la ferme de M. Tremeaux, un des propriétaires les plus riches du pays, l'organisateur du Musée archéologique de Tipaza. De ce point on distingue déjà la mer et, à gauche, la haute montagne du Chenoua, dont on s'est rapproché insensiblement, puis la large baie et le cap du même nom. La route fait alors un coude à droite, laissant derrière elle le Chenoua et passe à peu de distance d'une petite plage sablonneuse, sur les bords de laquelle aurait dû être construite la Tipaza moderne, au lieu de l'avoir été dans l'enceinte même de l'ancienne. La route est déjà jalonnée de débris antiques, couvercles de tombeaux, entablements qui servent à indiquer les limites des propriétés. Dans les petites landes qui bordent la mer se voient des débris épars de murs, de portes à moitié enfouies au milieu des touffes de lentisques. Plus on avance, plus ces débris, ces blocs de pierre deviennent importants.

Rien à dire de la nouvelle Tipaza, pauvre bourgade enclavée dans l'ancienne ville romaine, qui, elle, devait être considérable. Ses petites maisons basses ne s'étendent même pas jusqu'au rivage; elles font tache au milieu de ruines aussi vastes et qui, chaque jour, perdent de leur importance par suite des dégradations que leur fait subir une population qui, n'attachant naturellement aucun prix à ces restes du passé, emploie les débris des palais, des temples à la construction de ses habitations.

Tous les auteurs s'accordent à dire „que „l'ancienne Tipaza, appelée par les Arabes „*Tefacedt* (gâtée — ruinée), avait été fondée „par l'empereur Claude pour une colonie de „vétérans, à laquelle fut concédé le droit „latin; — qu'elle est mentionnée par Pto„lémée et dans l'itinéraire d'Antonin — que „le comte Théodose partit de Tipaza, en „371 pour son expédition dans l'*Anchorarius* „(*Ouaransenis*); — qu'enfin le roi vandale „*Hunéric*, ayant voulu forcer les catholiques „de Tipaza à embrasser l'hérésie d'*Arius* „en 484, la plus grande partie des habitants

„se réfugia en Espagne, et que ceux qui, „n'ayant pu fuir, refusèrent d'apostasier, „eurent la main droite et la langue coupées."

Le Vandale *Hunéric*, après avoir détruit les habitants, mit-il le comble à sa barbarie en anéantissant la ville elle-même? Abandonnée par sa population, ne fut-elle point réoccupée et tomba-t-elle en ruine? Un de ces tremblements de terre, si fréquents autrefois dans ces parages, ne fut-il pas la cause de sa fin? L'histoire est muette à ce sujet, et les fouilles entreprises jusqu'à ce jour n'ont point révélé le secret de l'anéantissement d'une ville qui, à en juger par l'étendue des ruines actuelles, dut jouer un rôle considérable dans l'histoire des colonies romaines sur le continent africain. La seule remarque qu'il soit permis de faire, c'est que les monnaies romaines trouvées dans le sol ne vont point au-delà du quatrième ou du cinquième siècle de notre ère; ce qui donnerait à supposer que l'existence de la ville ne dépassa pas la période à laquelle se rattache l'acte de *vandalisme d'Hunéric* (484).

Lorsque, du milieu de ces ruines, je suivais au loin le développement considérable que la colonie romaine devait avoir, qu'au-dessus de la mer je voyais encore ces restes de maisons, de palais peut-être, ces excavations suspendues pour ainsi dire au-dessus des flots, qu'après avoir visité rapidement les Thermes gigantesques, la jolie et élégante fontaine en hémicyle avec sa suite de colonnes en marbre, une des épaves les mieux conservées du passé, qu'enfin, après avoir suivi les fortifications et les jetées de l'ancien port, je gravissais la colline pour entrer dans cette vaste nécropole de l'est, avec sa basilique et ses milliers de tombes en pierre, semblables à des auges, entassées les unes près des autres, aujourd'hui à peu près vides de leurs ossements, — quelles pensées l'effondrement de cette grande cité n'évoquait-il pas en moi[1]? Chaque jour amène la disparition d'une parcelle des ruines ; dans quelques siècles, il ne restera peut-être plus

---

[1] Le cadre de ces études ne comporte pas une description détaillée des monuments en ruine de Tipaza. Je renvoie, pour des renseignements complets, aux travaux des Shaw, Dupuch, Berbrugger, Mac' Carthy, Ch. Desprez, etc.

une trace, un vestige de ce que fut autrefois cette Tipaza, bâtie par le peuple le plus colonisateur du monde. Palais, forums, basiliques, arènes, thermes, aqueducs construits avec le plus dur granit, tout s'écroulera, tombera en poussière. La nature, cette changeante et illusoire Maïa (suivant l'expression aryenne que reproduisent volontiers de nos jours quelques contemplatifs à tendances brahmaniques ou bouddhistes tels qu'*Amiel*), détruisant les efforts les plus considérables de l'homme, de ce pygmée qui aspire à l'éternité, remettra tout dans sa forme première. De ces peines, de ces joies, de tous ces événements qui ont occupé des milliers de créatures, qui ont fait battre leurs cœurs, il ne restera pas un souvenir. Les tombes construites si fortement, après avoir été violées, saccagées, employées à d'autres usages par les peuples qui se succèdent, seront recouvertes par les sables de la mer, par une nouvelle végétation !

Si, au contraire, levant les yeux de ces ruines pour les reporter sur cette jolie baie du Chenoua avec les massifs qui la surplombent, je contemplais la mer venant battre de ses lames azurées les grottes du Nador, une sensation de bien-être se substituait à la triste et douloureuse mélancolie, sensation rendue encore plus vibrante par le souvenir et la résonance intérieure de cette page sublime de Mendelssohn, l'ouverture de la *Grotte de Fingal*. La merveilleuse harmonie me pénétrait, les sons m'arrivaient doucement enveloppés et presque éteints, comme si un tube téléphonique invisible, jeté à travers l'espace, m'avait mis en communication avec les masses orchestrales du Conservatoire. — C'est une remarque faite bien souvent, en effet, que tel paysage entrevu vous suggère le souvenir de telle page musicale et réciproquement. Combien de fois l'artiste (pour qui cet art idéal et rêveur, bien que profondément scientifique, la musique, n'est pas seulement un assemblage de sons, mais le plus merveilleux des langages), n'a-t-il pas senti que certaines pages descriptives des grands maîtres symphoniques évoquaient la vision poétique de tel ou tel admirable site, connu de lui, regretté par lui !

Le champ des morts et la Basilique qui l'avoisine du côté de la mer sont une des parties véritablement les plus étonnantes de l'ancienne Tipaza. Une quantité assez considérable de sarcophages est encore presque intacte ; la partie morte de la cité est celle qui a résisté le plus aux injures du temps. On voit encore tout près la carrière de laquelle les Romains ont extrait la pierre pour établir ces monuments funéraires ; la végétation y est assez dense et de beaux figuiers ont poussé à travers les fentes des rochers.

A quelques pas de la Basilique, dont la forme ainsi que les murs sont bien conservés, quelques indigènes ont établi leurs gourbis en pisé avec leur toiture de chaume ou de broussailles. Ma venue met en fuite une toute jeune Mauresque, la plus délicieusement belle que j'aie encore entrevue en Algérie. La blancheur du haïk dont elle est couverte fait valoir la patine un peu bronzée de sa charmante figure, encadrée dans une forêt de cheveux bouclés. L'éclat de ses larges yeux noirs „profonds comme des puits où tremble une étoile", est rendu encore plus intense par la colère qui les anime, à la vue d'un Roumi[1]. La haine que je lui inspire ajoute un attrait de plus à sa beauté. Gracieuse apparition trop tôt évanouie, qui rappelait ces types d'Italiennes si bien peintes par Hébert!

En revenant le long des bords de la mer, je trouve le sol jonché de débris de poteries anciennes ; l'archéologue peut faire là ample moisson de souvenirs, tels que briques, anses d'amphores, fragments de lampes, voire des menues monnaies romaines. Le Musée, réuni dans le jardin de la villa Trémeaux, au milieu même du village, est composé d'objets trouvés presque à fleur de terre ; car j'ai lieu de croire que nulle fouille importante n'a été encore entreprise dans le sol de cette ville morte. Malgré cela, les éléments dont se compose ce musée en

---

[1] Dans les villes, les enfants arabes se familiarisent assez vite avec les Européens, avec lesquels ils sont en contact journalier. Mais, dans les campagnes et surtout dans la montagne, ils fuient souvent à leur approche. — Cette frayeur et, je dirai plus, cette haine sont entretenues par la plupart des indigènes qui, au fond, nous détestent.

plein air, sont pleins d'intérêt. On peut surtout y admirer deux sarcophages en marbre blanc, abrités sous des auvents, dont les sculptures sont d'un excellent style, puis une immense jarre, qui ne mesure pas moins de cinq mètres de circonférence. Parmi les fragments nombreux de bas-reliefs, colonnes, vases, je remarque des chapiteaux absolument identiques, comme décoration, à ceux qui gisent au pied du *Tombeau de la Chrétienne* et que j'ai déjà signalés.

Le soir, je reprenais la route de Marengo, revoyant avec plaisir la forêt de Sidi-Sliman, et je me préparais, pour le lendemain, à une visite à *Cherchel*, l'ancienne Julia Cæsarea, située également sur les bords de la Méditerranée, comme Tipaza, mais de l'autre côté du Chenoua, dont le sommet domine les deux cités.

SPLENDISSIMA COLONIA CÆSARIENSIS

Cherchel, *23 avril.*

Quelques fermes entourées de vignes nouvellement plantées et qui donnent déjà de grandes promesses[1], des bois ou plutôt des touffes d'arbres et des taillis fort peu élevés que l'on décore du nom pompeux de forêt de Bou-Rouis, la vue du Djebel-Chenoua qu'on laisse à droite, la Dent du Lion ou Pic de Zurich toujours en face de soi, quelques torrents à traverser, entre autres l'Oued-el-Hachem dont le lit est couvert de lauriers roses, les derniers contre-forts des montagnes

---

[1] La plantation de la vigne a pris une immense extension en Algérie depuis quelques années; il est malheureux que l'*altise*, sorte de petite mouche bleue, vienne souvent faire de grands ravages et désespérer les colons.

des Beni-Menad dans lesquels on s'engage, telle est brièvement narrée la description de la route se dirigeant à l'ouest, de Marengo à Zurich, ancienne résidence des Berkani, une tribu qui, avec celle des Hadjoutes, nous opposa une résistance particulière à l'époque de la conquête.

A l'entrée de Zurich existe encore une porte bastionnée qui indique les luttes qu'eurent à soutenir les premiers occupants. Après avoir dépassé ce petit village, qui ressemble à toutes les bourgades algériennes avec ses maisons à rez-de-chaussée, ses ruisseaux et ses belles avenues, on traverse la petite vallée de l'Oued-el-Hachem, ayant à gauche une suite de mamelons couverts d'arbrisseaux, puis à droite le Chenoua, dont la population est de race kabyle et fabrique une poterie renommée parmi les indigènes. Entre les deux collines sur la gauche s'étagent les ruines bien conservées d'un aqueduc romain qui amenait les eaux à Cherchel et dont douze arches sont encore debout. La vallée se resserre ; la route devient montueuse, passant à travers des haies d'aloes, dont les longues tiges non encore épanouies ressemblent à des asperges monstrueuses. A un dernier coude, nouveaux vestiges d'aqueduc, à cheval sur l'Oued-el-Hachem ; au loin la mer, sur laquelle on se dirige et que l'on côtoie bientôt pour arriver à Cherchel, en passant devant le marabout de Sidi-Abraham, dont la fête aura lieu dans quelques jours. Des tentes, des cafés sont déjà installés le long de la route pour recevoir les invités qui arriveront dès demain ; on compte surtout sur une fantasia donnée par les indigènes de Milianah.

Les ruines de Cherchel, la colonie phénicienne de Jol, la Cæsarea de Juba II, capitale de la Mauritanie césarienne, n'ont pas gardé d'empreintes aussi nettes, aussi frappantes à première vue que celles de Tipaza. La ville moderne, qui a pris une certaine extension et descend jusqu'à la mer, a envahi, dénaturé aussi bien les restes, grandioses il y a plusieurs siècles encore, de la vieille cité romaine, qu'une partie des maisons mauresques qui étaient venues elles-mêmes la remplacer. De l'extrémité de la belle place centrale ombragée de bellombras aux puissants et multiples rameaux, sur laquelle ont été exposés des entablements et une haute colonne en marbre blanc cannelé avec son chapiteau en feuille d'acanthe, on suit très-nettement dans la mer, lorsque le temps est clair, les vestiges d'anciennes constructions, de piliers renversés. Ce serait un indice que la Méditerranée a envahi une partie importante de la côte africaine, alors qu'elle s'est retirée de la rive française, puisqu'Aigues-Mortes, qui, à l'époque où saint Louis s'embarqua, était port de mer, se trouve maintenant à l'intérieur des terres.

En descendant à la mer par un ancien chemin pavé, on trouve derrière le port et le phare qui le précède les anciens Thermes, dont la base, assez bien conservée, permet d'en rétablir la configuration. Sur un des piliers s'était établi un Arabe pour faire ses prières avec le recueillement habituel à un fils du Prophète[1]. A la clarté du soleil cou-

---

[1] L'Arabe, qui est tenu de prier cinq fois par jour, fait ses dévotions le plus souvent en plein air. On le voit journellement, étendant son vaste burnous, à l'ombre d'un mur, sur les bords d'un torrent, près d'un olivier, et se prosternant tourné vers le Levant.

chant, la mer, dont aucun souffle ne ridait la surface, présentait au loin une vaste nappe d'argent en fusion ; sur le rivage les eaux dormaient immobiles, sans que le plus léger murmure vint troubler la quiétude de la petite cité ; l'air était imprégné de cette bonne odeur des algues que l'on perçoit toujours à l'approche de la mer. Dans le port était amarré à quai un navire marchand, occupé à charger des ballots de cordes faites avec la feuille du palmier, et des tonnes de sardines.

Au-dessus même du port et des Thermes s'élevaient autrefois en amphithéâtre les maisons, les palais. Les vestiges que l'on retrouve sont peu de chose et cependant on distingue encore des mosaïques à rosaces qui ont été établies si fortement qu'il faudrait des instruments spéciaux pour pouvoir désagréger les petits dés en granit noir, rouge et blanc dont elles sont composées. Quelle solidité également dans ces pans de mur, dans ces voûtes ! L'État fait pratiquer en ce moment même de nouvelles fouilles dans cette partie de la ville avoisinant la mer ; les éboulis sont si rebelles à la pioche, que force est de recourir à la mine, afin de ne pas perdre un temps précieux. Il y a quelques semaines on avait mis à jour de belles mosaïques ; à mon arrivée j'avais la bonne fortune d'assister à la découverte d'une statue en marbre blanc. Émotion d'archéologue comparable à celle du collectionneur assez heureux pour dépister et remettre en pleine lumière un objet d'art égaré au milieu des poussières du bric-à-brac, ou encore à celle du voyageur qui, après un long trajet dans le Sahara, découvre enfin la source limpide de l'oasis !

La nouvelle statue, Bacchus ou Faune (l'avancement des fouilles ne permettant pas de distinguer nettement les attributs), ne mesurait pas moins de 2^m,10 de hauteur ; elle était couchée sur le flanc droit. Elle ira rejoindre celles qui sont exposées dans le Musée en plein air de Cherchel et qui méritent un abri plus confortable que les tristes hangars où elles ont été placées. Il est regrettable qu'eu égard à l'importance des découvertes déjà faites et de celles de l'avenir, le département n'ait pas voté les fonds nécessaires pour l'édification d'un véritable Musée, dans lequel auraient été disposées avec ordre, avec goût et cataloguées les épaves de l'ancienne Julia Cæsarea. Si pareille mesure avait été prise, on n'eût point été exposé à voir la pluie détériorer les beaux chapiteaux, les bustes qui sont épars dans cet enclos séparé seulement de la rue par une mauvaise clôture, ou des visiteurs plus ou moins scrupuleux déplacer, détourner même certains fragments, dont la garde est confiée à une vieille femme plus occupée de son ménage que du Musée et incapable de donner aucune indication à l'étranger désireux de s'instruire. Puis, certaines statues (les plus intéressantes) n'auraient point été transportées à Alger. Enfin plusieurs particuliers, qui ont trouvé dans leurs propriétés de très-belles œuvres d'art, auraient été heureux de les offrir à un établissement digne de les recevoir et de les faire valoir. Car il est à remarquer que, dans toutes les villes de la métropole où existent des Musées bien installés, les dons ont été nombreux, surtout depuis que le goût des beaux-arts a pris en France une grande extension.

En l'absence de tout catalogue, de toute

organisation, l'étude des objets exposés est donc très-difficile. Je cite les pièces qui m'ont paru les plus dignes d'attention :

Un Jupiter colossal, découvert il y a près de six mois au-dessous de la caserne sur l'emplacement de l'ancien théâtre ;

Le tireur d'épines, à qui il manque la tête et le bras droit ;

Un Faune admirablement modelé, plein d'expression, malheureusement privé des deux bras ;

Une Diane chasseresse (fragments).

Une Vénus dont la tête et le bras n'ont pu être retrouvés ;

Quatre masques tragiques, de grande dimension ;

Plusieurs bustes assez bien conservés.

Les statues, pour la plupart, sont des copies plus ou moins heureuses des originaux existant à Rome qui avaient été expédiées dans la colonie, probablement sous le règne de Juba II. On sait qu'il avait épousé Cléopâtre Séléné, fille d'Antoine et de la fameuse Cléopâtre. Aussi n'est-il point surprenant de voir à côté des sculptures romaines un fragment (le bas des jambes et le socle) d'une statue égyptienne en beau marbre noir, retiré du port au moment de l'exécution de divers travaux qui ont permis de retrouver les traces de gigantesques constructions, de mosaïques et des débris de toute sorte. Sur le socle de la statue existe une inscription hiéroglyphique. On remarque encore des médailles, de belles amphores, des chapiteaux et des colonnes parfaitement sculptés, des vases, lampes, mosaïques, moulins à grain, de nombreux ossuaires admirablement conservés, qui non-seulement portent inscrits les noms et qualités du défunt, mais contiennent encore son crâne et ses cendres; puis une quantité considérable de plaques funéraires avec des sculptures et des inscriptions qui faciliteraient à l'archéologue le contrôle de bien des faits se rapportant à l'antique cité romaine.

J'ai relevé celle-ci :

MARTIALIS-HIC. S. E. S.

V. ANOS II.

SEMNOS SYPONIACUS

FECIT

Et cette dédicace à Bacchus, qui donne le nom de Cæsarea :

DEO

LIBERO

RESP. CÆS.

CURANTE

— C'est à l'ouest et à l'est de la ville que se trouvaient l'hippodrome et le cirque, monuments qui à eux seuls suffisent à prouver l'importance de Julia Cæsarea. De l'hippodrome auquel on se rend par la porte de Tenès en suivant à gauche un sentier ombragé, il ne reste que quelques pans de mur, les principaux fragments ayant été employés pour l'église catholique actuellement en construction, au centre de Cherchel. Mais on suit très-bien des yeux l'emplacement considérable qu'il occupait, aujourd'hui converti en champ de blé. Quel splendide décor lorsque, les jours de fête, la foule, revêtue de ses plus beaux habits, se rendait aux courses de chars et de chevaux ! Du haut des gradins elle pouvait, tout en assistant à un spectacle émouvant, admirer la mer dans son étendue, à gauche les chaînes de montagnes s'échelonnant dans la direction de Tenès et à droite la silhouette des monuments de Cæsarea. — En rentrant en ville par la porte de Milianah et à quelques mètres de cette porte s'élève un tumulus entouré d'aloes et couvert de fleurs, géraniums gigantesques, roses dans leur épanouissement, au-dessus desquelles émergent les colonnes de plusieurs tombes élevées à diverses époques à la mémoire d'officiers français, notamment celle du commandant Gautherin, tué le 11 janvier 1841, un an environ après l'occupation de Cherchel (15 mars 1840). Les rosiers sauvages ont pris un tel développement, ont si bien vagabondé que, recouvrant les tombes de tous côtés, ils permettent à peine de lire le nom des trépassés. Ainsi envahi par la flore la plus luxuriante, ce petit cimetière en miniature a un aspect de fête, enlevant toute idée de tristesse aux vivants qui viennent rendre visite aux braves, morts au champ d'honneur.

Le cirque, que l'on va visiter en prenant

la route d'Alger et en passant devant le curieux marabout à deux coupoles de Sidi Abraham qui se dresse au-dessus de la mer, a conservé des vestiges bien plus importants que l'hippodrome. Malgré l'envahissement de la végétation, le pourtour se dessine très nettement au-dessus de la piste et des parties entières de gradins en pierre sont encore debout. Les vomitoires se distinguent à peine et ont été comblés par des éboulis considérables. Avec un peu de patience et au prix de quelques recherches, on arrive à reconstituer les couloirs intérieurs, les cages des fauves et les chambres où se tenaient les belluaires. La légende veut que les martyres de Saint-Marcian, livré aux bêtes, et des époux Saint-Sévérien et Sainte-Aquila, brûlés vifs, aient eu lieu dans ces arènes, qui ne peuvent être comparées, soit comme grandeur, soit comme conservation, à celles de Rome, Vérone, Arles etc. En traversant les hautes herbes de la piste, j'aurais pu faire coup double sur un beau lapin et une tourterelle, que je fis lever presque simultanément. Ces deux timides sont aujourd'hui les hôtes de ce cirque qui ne recélait autrefois que des animaux féroces et dans lequel se sont passés tant d'actes sanglants. Pour compléter le tableau et raviver le souvenir d'un autre âge, débouchaient, au loin, d'un sentier des Arabes à cheval dans leurs costumes de fête. Revêtus de longs burnous blancs auxquels leur blancheur et leurs plis flottants donnaient des airs de toge, le haut du corps comme encaissé dans une selle brodée d'ornements en or, les pieds dans de larges étriers, ils passaient fiers et impassibles, tels que des patriciens romains se rendant au Forum.

En tant que ville mauresque, Cherchel n'a qu'un intérêt médiocre : les maisons des indigènes, dont une grande partie a disparu par suite de l'alignement des rues, sont composées presque uniformément d'un rez-de-chaussée avec toiture en tuiles creuses, ce qui fait qu'on les distingue à peine des bâtisses françaises qui les avoisinent. La grande mosquée a été convertie en hôpital militaire. Elle a perdu tout son caractère ; on y voit cependant encore les 100 colonnes antiques en granit vert, débris d'un temple romain, qui soutiennent à l'intérieur les arcades en fer à cheval. Aussi la désignait-on sous le nom de *Djama aux cent colonnes.* Les plus grosses n'ont pas moins de deux mètres de circonférence et la surface de l'édifice proprement dit peut être évaluée à neuf cents mètres carrés.

La mosquée actuelle (rue du Coq), que l'on restaurait au moment de ma visite, était resplendissante de blancheur. Elle se compose d'un minaret assez élevé donnant sur la rue, d'une petite cour triangulaire où l'on voit la fontaine aux ablutions et un marabout, puis d'un grand bâtiment central, dont le pourtour extérieur est décoré d'ornements en forme de fers de lances et dont l'intérieur ne diffère pas de celui de mosquées les plus simples.

Le soir, par une de ces belles nuits particulières à l'Orient, je suivais la route d'Alger pour examiner les préparatifs de la fête arabe. Le bruit des tambourins, des derbouka, des flûtes se faisait entendre; sous les tentes éclairées par les torches on savourait le café maure. Assis en cercle, un grand nombre d'indigènes assistaient à la danse originale de deux éphèbes que l'on aurait pu prendre, à la délicatesse de leurs traits, pour de toutes jeunes filles. Couverts d'un léger voile qu'ils enlevaient par moments pour le porter devant leurs yeux, ils nous donnaient une représentation enfantine et naïve de la danse des almées. Des battements de mains accompagnaient la mesure lente et monotone ; par intervalles, des cris de satisfaction se faisaient entendre parmi les spectateurs.

Au loin, éclairant la haute mer, la lune au-dessus du phare, „*comme un point sur un* İ" nous envoyait ses rayons d'un éclat si vif, si pénétrant que l'on pouvait les comparer à ceux de la lumière électrique.

LE LION DE TARTARIN

LES ARABES QUÊTEURS — MARIAGE ARABE
LE SORT DE LA FEMME — LA NOUBA

BLIDAH, *25 avril* (Pâques).

Enfin! J'ai vu le lion, le roi du désert, non point dans toute sa majesté et faisant retentir les forêts de l'Atlas de ses rugissements formidables, mais mené en laisse par quelques indigènes armés de matraques.... le lion ressuscité de *Tartarin*! Les yeux crevés, les griffes et les dents limées, tel il s'avançait, sous les hauts platanes de Blidah, la corde au cou, traîné et exposé à la curiosité publique par les Arabes quêteurs, attachés au marabout de Sidi Mohamed R'harbi, cette petite coupole blanche accrochée aux flancs de l'Atlas, que l'on voit distinctement de la route de Blidah à la Chiffa. Malgré tout, le lion asservi avait encore fort grand air et en imposait avec sa belle crinière fauve. Tous les chiens d'alentour, molosses, bassets, vendéens et kabyles s'étaient élancés à sa suite, mais se tenaient prudemment à distance, le poil hérissé et aboyant avec rage. Les sous pleuvaient dans la sébile des quêteurs ; car le lion attaché à un marabout est pour les Arabes un objet de respect ; il devient un animal sacré.

Il serait difficile de rencontrer maintenant dans le nord de l'Afrique le lion, le tigre, la panthère, autrement que dans les conditions d'esclavage. La colonisation, qui a pris des proportions de plus en plus importantes, les primes accordées par l'administration pour la destruction des animaux nuisibles ont eu pour conséquence de refouler les fauves dans le désert. La statistique accuse, de 1873 à 1886, la destruction de 200 lions et lionnes environ, et de plus de 1000 panthères. Ce sont les représentants de cette dernière race que l'on aurait encore chance de trouver dans les parties les plus sauvages de l'Atlas. Le lynx, espèce de chat-tigre, se rencontre au contraire assez fréquemment dans le Sahel : Sur la place d'armes de Blidah, un Arabe me proposait hier la peau d'un de ces animaux qu'il avait tué la nuit précédente. Elle était assez belle, d'un gris cendré et la tête avait encore un air de férocité. Quant aux chacals, ils pullulent dans la Mitidja et il n'est point rare, la nuit, d'entendre les chiens répondre aux cris ou plutôt aux ricanements de ces carnassiers, qui fuient du reste à l'approche de l'homme.

L'exhibition d'un lion captif n'est pas le seul moyen qu'emploient les Arabes pour récolter des offrandes en faveur de leurs marabouts. J'ai rencontré une dizaine d'indigènes, à la porte Bab-er-Rabah : Deux d'entre eux portaient de longues oriflammes; plusieurs suivaient, jouant de la flûte et de la derbouka ; enfin les quêteurs munis de petits sacs en toile recueillaient les pièces de monnaie qu'on voulait bien leur donner. Le cortége était pittoresque et suivait lentement la route ombragée et montante qui mène au cimetière et aux marabouts de Mohammed-el-Kebir, dont la description a déjà été donnée.

Ce n'est qu'à la suite d'un long séjour en Algérie qu'il est possible de bien connaître et d'étudier toutes ces coutumes bizarres et empreintes d'un caractère vraiment original.

Existe-t-il rien de plus piquant et en même temps de plus imposant que cette longue cavalcade qui débouche d'une des portes de la ville ? Quel tableau pour un orientaliste ! En tête, de beaux cavaliers, montés sur ces étalons fournis peut-être par les *Ouled-Naïls*, tribu aussi bien pourvue de chevaux de race que de filles de prix. Couverts de superbes harnais brodés d'or, héritage que les pères transmettent pieusement à leurs fils, avec leurs amulettes en forme de croissant pendues au poitrail, les jolis *barbes* aux yeux de gazelle secouaient fiévreusement leur crinière, impatients de dévorer l'espace. Les cavaliers en tenue de fête, le burnous éclatant de blancheur flottant au vent, avec leurs bottes en cuir couleur de brique, se tenaient hauts sur de larges étriers, maîtrisant avec peine l'impatience de leurs coursiers. Derrière eux, la voiture fermée contenant les femmes voilées ; sur le siége du devant les musiciens jouant avec ardeur de la *Rheï'ta* et du *T'bell*. A la suite, plusieurs cavaliers portant de vieux fusils à pierre ; car, dans toute fête, *fantasia*, mariage, etc., la poudre parle et joue toujours le rôle le plus important. Enfin, terminant le cortége, les invités moins fortunés, montés sur de pauvres chevaux, sans harnachement aucun, n'ayant pour bride qu'un bout de ficelle. Toute la troupe se rendait à Dalmatie, petit bourg voisin de Blidah, où devaient se faire les noces ou plutôt les divertissements habituels en pareil cas.

La mère du marié, l'*azoudja* (la vieille), avait été chargée de marchander la jeune vierge, et le prix convenu, la *sadouka* avait été scrupuleusement versée. Aucune autre formalité préliminaire n'avait été remplie, ni devant le cadi, les Arabes n'ayant pas d'état civil, ni même devant le muphti, chef de la mosquée. Le marché conclu, les réjouissances commencent et durent généralement trois jours pendant lesquels, suivant la situation de fortune de l'époux, les moutons rôtis et les plats de *couscous* se succèdent plus ou moins nombreux, les *fantasias* et la *nouba* alternent au milieu des détonations des armes à feu et des nuages de fumée qui couvrent les ravins d'alentour.

Le sort de la femme arabe, vendue ainsi au plus offrant, est-il heureux ? L'impossibilité dans laquelle se trouve l'Européen de pénétrer dans l'intérieur d'un ménage arabe et par suite d'établir une enquête sérieuse en demandant l'avis de la partie intéressée, ne permet pas de donner une solution bien nette à la question. Si l'on consulte les nombreux auteurs ou voyageurs qui ont voulu résoudre le problème, on réunit des opinions différentes et même diamétralement opposées.

Les uns comparent le sort de la femme à un véritable esclavage. Si elle est née de parents pauvres, elle est, pendant son enfance, exposée aux mauvais traitements ; car les Arabes et les Maures disent d'un garçon „c'est une bénédiction", d'une fille, „c'est une malédiction." Elle est une charge pour la famille qui cherche à s'en défaire à tout prix ; elle n'aura donc qu'un désir, celui de fuir le plus tôt possible la maison pour se livrer à la prostitution, si elle ne trouve pas un mari. Née de parents riches, elle sera confiée aux soins d'une négresse ; la mère s'en occupera peu, sachant que mariée à douze ou treize ans, elle devra quitter de bonne heure la demeure paternelle. Son éducation est nulle ; elle vivra, une fois mariée, cloîtrée et ne s'occupant que de futilités. Par suite de sa précocité elle vieillira vite ; elle n'aura plus alors dans son ménage qu'un rôle de servante ; elle sera même délaissée de son mari qui pourra la répudier en payant une redevance à elle ou à sa famille. Le Coran, qui tolère la polygamie, apprend à l'Arabe à considérer la femme comme une chose, un objet dont il peut user comme il l'entend : de là, l'état d'infériorité dans lequel elle se trouve à jamais placée.

D'autres auteurs, au contraire, ont peine à croire qu'un peuple (les Maures) qui a chanté l'amour exalté pour la femme, qui a connu et pratiqué une sorte de chevalerie, ne traite pas mieux sa compagne que son cheval. L'existence des femmes serait loin d'être aussi malheureuse qu'on le croit en Europe. L'Arabe ne maltraite pas ses femmes; il est même doux pour elles et très affectueux pour leurs enfants. Il leur parle peu et il exige la fidélité la plus stricte. A ce sujet, le Coran lui enseigne de ne se montrer sévère qu'à l'égard de l'épouse qui ne respecterait pas ses devoirs. L'aménité des caractères individuels a adouci beaucoup ce que l'institution du mariage pouvait avoir d'injuste et de dur. La plupart des Arabes se contentent d'une seule femme, surtout les gens du peuple qui ne pourraient en nourrir plusieurs. Les lois, il est vrai, rendent les liens du mariage assez faciles à rompre; mais le divorce leur est difficile, en raison de l'obligation dans laquelle se trouve l'époux de faire certains avantages pécuniaires à la famille. Les répudiations devant le tribunal du cadi ont donc plutôt lieu par consentement mutuel.

Comme remarque personnelle, je dois ajouter que, durant mon séjour assez prolongé à Blidah, je n'ai jamais assisté à des scènes violentes entre les Arabes et leurs femmes. La tranquillité la plus complète, l'ordre, le silence règnent dans les quartiers indigènes ; je rencontrais souvent de bons pères de famille portant leurs enfants et leur prodiguant les caresses. Aux séances du cadi, que je suivais de loin en loin, l'exposition des faits nécessitant une rupture se faisait de part et d'autre avec le calme le plus profond. Il n'était point rare au contraire d'être témoin de querelles, de paroles bruyantes, de voies de fait dans la partie européenne de la ville, entre mari et femme, surtout parmi les Espagnols et les Italiens. On aurait donc tort de se représenter les femmes arabes comme des victimes. L'état d'infériorité dans lequel elles vivent, de par la loi et les coutumes musulmanes qui leur enlèvent toute idée de s'instruire, de méditer, ne les blesse nullement ; elles n'en ont même pas conscience.

En décrivant le cortége d'un mariage arabe, j'ai parlé de la *nouba*, c'est-à-dire de la musique qui est indispensable dans toute fête. Cette *nouba* existe également dans les régiments qui, en dehors des cadres des officiers, ne renferment que des éléments indigènes. Elle se compose notamment de deux instruments : la *rheï'ta*, sorte de hautbois aux notes fort aiguës, et le *t'bell*, tambourin sur lequel le musicien frappe avec une baguette en forme d'arc. On y adjoint souvent la *derboûka* et le *ben daïr* (tambour de basque). Le chef de musique du régiment de turcos, en garnison à Blidah, me disait que le bruit produit par la *rheï'ta* était tellement strident, qu'il n'avait jamais pu l'employer dans l'orchestre qu'il dirige ; il aurait couvert tous les autres instruments. La *nouba* se fait donc entendre en dehors de la musique ordinaire du régiment. C'est surtout à l'occasion des marches militaires ou pendant le combat qu'elle remplit un rôle important et même nécessaire pour stimuler l'ardeur de ces tirailleurs indigènes qui ont pris une part si glorieuse à la conquête du Tonkin. Je crois devoir donner, à titre de curiosité, quelques fragments des motifs exécutés par la *nouba* :

DANI-DAN

LES JUIFS — LES BARBIERS

Blidah, *27 avril*.

Les beaux jours n'ont pas continué; la pluie est revenue plus intense que jamais. Décidément, le climat de l'Algérie n'est plus ce qu'un vain peuple pense, ce qu'il était il y a dix ou douze ans encore. Le soleil, ce grand magicien qui donne la joie et dissipe la tristesse en même temps que les nuées, s'est éclipsé. Aussi le décor a-t-il bien changé : L'Atlas a disparu derrière les nuages; la Mitidja est plongée dans l'humidité; les beaux orangers perdent leurs jolies fleurs blanches sous la violence des rafales qui ne cessent de souffler et les grands oliviers du bois sacré sont lamentables. Les pauvres hirondelles, affolées, se réunissent en troupe innombrable essayant de résister à la violence du vent; mais, ne pouvant se soutenir dans les airs, elles regagnent à tire-d'aile les corniches et même l'intérieur des maisons où elles ont établi leurs nids, protégées comme le sont les pigeons à Venise, par les habitants qui croiraient commettre un crime en les chassant ou en les détruisant. Les rues, les routes sont désertes; on se calfeutre comme si l'hiver devait nous faire une nouvelle visite.

Je demandais au jeune *Arbi*[1], qui cire mes chaussures tous les matins, la cause de ce retour au mauvais temps : „C'est la Pâque juive!" me dit-il...... Il fallait voir avec quelle expression méprisante il prononçait le mot *juive*.

Les Juifs, cette race cosmopolite qu'on retrouve partout très vivace et âpre au gain, sont les trafiquants les plus actifs de l'Algérie.

---

[1] On désigne ainsi les enfants arabes. *Arbi* veut dire *Arabe*.

Très méprisés par les Arabes et les Musulmans en général qui les qualifient de *Djifa-ben-Djifa* (charogne, fils de charogne), ils étaient avant la conquête tenus en charte privée par les Turcs qui les soumettaient en outre à un impôt très lourd. Dans certaines villes, ils faisaient caste à part, séparés des quartiers arabes par une enceinte particulière. Par suite de l'égalité que nous leur avons peut-être trop imprudemment accordée, ils ont pris en Algérie un rôle prépondérant. Aussi les indigènes qui sont en rapport constant avec eux, qui ont à souffrir de leur caractère peu sociable et voient leurs richesses s'accroître chaque jour à leur détriment, les détestent-ils plus que tout autre peuple. Le mouvement anti-sémitique est si marqué, bien qu'à l'état latent, qu'une tragédie sanglante serait à craindre si, par impossible, l'Algérie venait à être abandonnée par la France.

Je n'ai point ici à faire le procès des Juifs : Je constate uniquement l'omnipotence qu'ils ont prise en Algérie et l'animadversion qu'ils inspirent au peuple arabe. Si même, me plaçant à un point de vue plus élevé, je tenais à exposer ma pensée avec la plus entière franchise, je ferais bien des réserves à l'égard d'un ouvrage paru récemment, qui a soulevé une si grande émotion parmi la nation juive [1].

Ce n'est point au dix-neuvième siècle, à une époque de tolérance religieuse, qu'il est opportun de raviver de vieilles haines et d'entretenir des divisions qui pourraient entraîner les peuples occidentaux à des excès d'un autre âge et des plus blâmables, sans apporter un remède efficace à la situation.

Je n'approuverais pas davantage les idées émises dans une brochure déjà d'ancienne date, œuvre d'un illustre musicien [2], qui, dans ses conclusions, tenait à prouver qu'en dehors du négoce, les Juifs étaient incapables de produire une œuvre artistique quelconque. Les compositions d'un Mendelssohn, d'un Meyerbeer, etc., sont là pour réfuter le jugement erroné d'un homme de génie qui s'est

---

[1] La France juive par E. Drumont.
[2] Le Judaïsme dans la Musique par R. Wagner.

laissé aller à plus d'un écart de plume regrettable 1.

¹ Voici l'opinion de R. Wagner sur Mendelssohn :
«Le résultat entier que nous a donné l'examen des
«raisons de notre antipathie contre l'élément juif, tout
«ce qu'il y a en lui-même et chez nous de contradictoire,
«toute son impuissance à se mettre en rapport avec
«nous, son infructueuse tentative pour développer des
«fruits ayant germé sur un sol d'où il est exclu, tout
«cela se montre au plus haut degré et comme un conflit
«vraiment tragique dans la nature, dans la vie, dans la
«production artistique de Mendelssohn, mort si jeune.
«En cet homme, nous reconnaissons qu'un Juif peut être
«doué du plus beau, du plus grand talent; qu'il peut
«avoir l'éducation la plus soignée, la plus étendue; qu'il
«peut avoir la plus noble, la plus grande ambition, *sans
«arriver, une seule fois, malgré tous ces avantages, à pro-
«duire sur notre esprit et sur notre cœur cette profonde im-
«pression que nous attendons de la musique*, dont nous
«la savons capable, l'ayant éprouvée tant de fois, dès
«qu'un héros de notre art nous faisait entendre un seul
«de ses accents.»
Ce qui n'empêche, malgré la haute autorité de
R. Wagner, que des pages symphoniques telles que le
Songe d'une nuit d'été, les *Symphonies romaine et écossaise*
(pour ne citer que les œuvres les plus connues) ont procuré et procurent encore à la génération actuelle les émotions les plus profondes que puisse faire ressentir l'art musical pur, *en dehors de la scène. Mendelssohn*, avec *Schumann* et *Brahms* ont été les véritables continuateurs de Beethoven, au *point de vue symphonique* — et ce sont ces grands maîtres qui nous ont révélé en France tout un monde de sensations inconnues et poétiques.

H. I.

Ceci dit pour me défendre de toute animosité personnelle contre le peuple juif, il faut avouer qu'au point de vue extérieur et plastique, les Israélites d'Algérie ne présentent point un aspect qui leur soit favorable. Rien de plus laid, de plus disparate que le costume des hommes. Coiffés le plus ordinairement d'une casquette en velours noir qui a remplacé le turban, ils portent une veste courte aux manches collantes et galonnées, une culotte bouffante généralement grise, des bas bleus et des souliers plats [1]. Le tout est malpropre. A quelques exceptions près, le type est loin d'être beau : La physionomie est dure, souvent repoussante ou obséquieuse; la peau du visage est glabre, de couleur terreuse, envahie par la barbe; le nez est busqué; les yeux, il est vrai, sont assez beaux, noirs, et vifs; mais la bouche mal dentée est hideuse. Il y a loin de cette description à celle que plusieurs auteurs donnent des Juifs dont ils dépeignent le type

---

[1] La jeune génération, surtout dans les grandes villes, commence à s'habiller à l'européenne.

comme étant un des plus magnifiques de l'Algérie.

Quant aux femmes, dont E. Fromentin s'est plu à tracer un portrait flatteur bien qu'atténué par certaines réserves, j'avoue qu'elles ne m'ont pas séduit. Non point qu'il n'existe parmi elles quelques modèles remarquables; mais c'est le *rara avis in terris* de Juvénal. Celles que l'on rencontre journellement sur le seuil des portes, entourées de leurs enfants, aux cheveux roux-ardents, près des fontaines, sur les marchés, et que l'ont peut d'autant mieux étudier qu'à l'inverse des Mauresques, elles sortent le visage découvert, ne se recommandent par aucun charme. La démarche est languissante; le visage est fade, souvent hommasse; — le teint blafard, les yeux vitreux, la gorge flasque; — en un mot toutes les apparences de femmes dont la virginité aurait disparu avant l'état nubile. Joignez à cet ensemble un costume plutôt voyant que de bon goût, plus sale que propre, on comprendra difficilement les admirations qu'elles ont pu susciter. Les jours de fêtes, lorsqu'elles sortent, couvertes d'un châle de cachemire jeté gauchement sur une robe de soie criarde plaquée sur le corps et agrémentée de larges taches de graisse, la gorge à peine soutenue par un corsage court en velours noir, les pieds battant dans de mauvaises sandales éculées, les cheveux retenus sur le sommet de la tête par un bandeau noir et retombant en nattes dissimulées sous le châle, de manière à former une sorte de goître derrière le cou, elles ont toutes les apparences de domestiques endimanchées. C'est un exemple frappant et tout à la fois écœurant de l'union de la laideur à la malpropreté et au goût le plus détestable.

Il n'y a pas lieu de narrer les coutumes bizarres et repoussantes en usage parmi les Juifs à l'occasion de certaines fêtes, notamment des mariages. La plume se refuse à les retracer.

Leur quartier à Blidah est la rue *Abdhala*, voisine de la rue des *Koulouglis*, où sont installées les boutiques des indigènes : boucheries avec leurs étaux chargés de quartiers de viandes saignantes, fruiteries avec leurs primeurs, magasins d'étoffes, de chaussures, petits restaurants arabes étalant à la porte, symétriquement rangées, de minuscules assiettes qui contiennent des radis roses, des artichauts, du couscous, des sardines sèches, etc. Cette rue *Abdhala* n'a nullement l'aspect d'un *ghetto*, comme l'était avant sa démolition le curieux quartier des Juifs à Francfort. Les maisons sont relativement propres, bien alignées. Le marchand juif ou maure attend gravement sa clientèle, étendu sur une natte, fumant, ou même lisant près de son comptoir. Vous entrez ; à peine s'il jette un regard indifférent sur vous. Il attend que vous marchandiez un objet pour vous adresser la parole, et encore est-il fort sobre d'explications. Lorsqu'il croit avoir fait toutes les concessions possibles, il ne s'occupe plus de vous et garde un mutisme complet. Il y a loin de cette tenue grave, de cette sobriété de paroles au verbiage de nos commerçants européens.

Dans ce quartier se trouvent également les barbiers, joignant à leur profession celle de dentistes. Aussi voit-on suspendus à leurs portes des cadres renfermant nombre de dents arrangées artistement de manière à reproduire des mots ou des objets. A l'intérieur, de larges banquettes autour des murs, sur lesquelles s'accroupit le patient, et au-dessous d'elles, dans toute la longueur et la largeur, est ménagé un espace vide clôturé par une grille légère en osier, où roucoulent et chantent des tourterelles et des oiseaux. Les murs sont ornés de petites glaces à main, de gravures rehaussées d'or, représentant presque toujours des sujets inanimés, le pied du Prophète, des fleurs, des arabesques, des mosquées, quelquefois la mule de Mahomet, un lion, une panthère.

La boutique du barbier est un rendez-vous de bonne compagnie. Pendant que le maître de la maison, avec le rasoir ou plutôt le couteau kabyle très effilé, enlève entièrement et très adroitement les cheveux de son client, ne lui laissant sur le sommet que la touffe nécessaire pour que Mahomet puisse le saisir à sa dernière heure et le transporter au séjour bienheureux des houris, les visiteurs, quittant leurs babouches, prennent place sur les banquettes, jouent aux dames, hument le café, fument, causent, mais sans bruit; plusieurs même se laissent aller au sommeil. Les conversations ne sont interrompues que par le chant des oiseaux. De la rue, par la porte toute grande ouverte, on assiste à cette scène qui ne manque ni de mouvement ni de couleur.

La mosquée, les cafés, les barbiers, voilà les lieux de réunion, la maison commune pour les Maures et les Arabes qui vivent peu dans leur intérieur.

HAMMAM R'IRHA

Les Romains, qui ont laissé dans le monde entier des traces ineffaçables de leur passage et de leur prise de possession[1], avaient su utiliser, aussi bien en Algérie qu'en Italie ou dans les Gaules, les eaux thermales qui se trouvent en si grande abondance sur le continent africain[2]. Il est peu de stations d'eaux où l'on ne retrouve des vestiges des piscines prouvant l'importance qu'ils attachaient, au point de vue hygiénique, au traitement hydrothérapique. Nous sommes

---

[1] « Nomen que erit indelebile nostrum. »   OVIDE.

[2] Il n'existe pas moins de 140 sources minérales et thermales en Algérie et, sur ce nombre, la seule province de Constantine en fournit environ 80.

encore loin d'avoir reconstitué les stations algériennes. Les efforts considérables que nous avons dû faire pour mener à bien la colonisation entravée par des luttes constantes avec les indigènes, la crainte également de faire des opérations peu fructueuses, ont été les motifs principaux qui jusqu'à ce jour nous ont retardés.

De tous les établissements thermaux existant actuellement en Algérie, le plus important sans conteste est celui d'Hammam R'irha dans la province d'Alger. C'est sur la ligne d'Alger à Oran, après avoir successivement traversé depuis Blidah les petites villes de la Chiffa, Mouzaïaville, El-afroun où l'on abandonne la Mitidja occidentale pour remonter la vallée sinueuse de l'Oued-Djer, que se trouve, à 91 kilomètres d'Alger, la station de Bou-Medfa, où l'on descend pour prendre le courrier qui vous transporte en une heure et demie à Hammam R'irha.

La journée est douce et le ciel est moucheté de légers nuages blancs ; mais, à mesure que l'on gravit la route qui, après de nombreux lacets, monte à Hammam

R'irha, le vent fraîchit. Il devient même assez violent, lorsqu'on atteint le principal corps de bâtiment qui a été construit sur la montagne.

Placé en face du petit village de Vesoul-Benian, dont il est séparé par un ravin profond qui rend les communications difficiles, — ayant pour horizon le Zakkar, déployant au loin sa masse sombre et imposante, et à ses côtés la grande forêt de Chaïba d'une étendue de 800 hectares, l'établissement d'Hammam R'irha occupe une situation des plus pittoresques qui en rend le séjour fort agréable. M. Arlès-Dufour, le concessionnaire, a su tirer un très habile parti des ressources de la contrée. Les parterres qu'il a créés donnent une idée des progrès que peut faire la flore lorsqu'elle est intelligemment cultivée dans un climat comme celui de l'Algérie. Les rosiers en particulier ont pris un développement considérable ; les belles fleurs qu'ils portent sont épanouies dans toute leur splendeur. Ce serait le décor rêvé pour le deuxième acte de *Parsifal*, lorsqu'après l'écroulement du château de *Klingsor* apparaît le merveilleux jardin rempli d'une végétation tropicale avec son palais arabe. En parcourant les sentiers odoriférants, je m'attendais à voir surgir l'essaim de jeunes filles qui, pareilles à des fleurs vivantes, se penchent gracieusement sur *Parsifal* pour le fasciner par leur parfum et leur beauté, — puis la plus séduisante de toutes, *Kundry*, se montrant tout à coup, comme une véritable almée, voluptueusement étendue sur un lit de fleurs. Mais il faut sortir du rêve pour rentrer dans la réalité et mes apparitions se bornent à deux ou trois jeunes *Misses* qui, de retour de la promenade, se rendent à l'appel de la cloche annonçant le déjeuner. L'élément anglais, du reste, domine parmi les hôtes d'Hammam R'irha. On peut être assuré que, partout où un établissement nouveau a été créé, la race anglo-saxonne se montre. Dans les environs d'Alger, les maisons de campagne les mieux situées appartiennent à des Anglais.

Après déjeuner, M. Arlès-Dufour veut bien, avec la plus grande courtoisie, me faire visiter rapidement les divers services de son magnifique établissement qui peut rivaliser avec ceux les mieux ordonnés d'Europe. Il se compose de trois corps de bâtiments absolument séparés : Le *Grand-Hôtel* — Belle-Vue — et Mont-Rose.

Le Grand-Hôtel, le plus élevé sur la montagne (600 mètres au-dessus du niveau de la mer), est un véritable palais auquel on accède par un beau perron ; il ne contient pas moins de cent chambres très bien aménagées. Le vaste salon de vingt mètres carrés, avec ses bibliothèques largement pourvues de livres, revues, journaux, et son grand confort, ne laisse rien à désirer. Les autres services sont à l'avenant.

Belle-Vue et Mont-Rose ont été installés dans des conditions plus modestes et à la portée des petites bourses [1].

Des remparts, colonnades, temples, bassins, restes des Aquæ Calidæ (ville florissante vers l'an 32 de notre ère), signalés il y a plus d'un siècle par l'archéologue Shaw, il

---

[1] En dehors de ces hôtels, il existe encore à *Hammam R'irha* un hôpital civil et un hôpital militaire.

n'existe plus rien aujourd'hui. M. Arlès Dufour, en attendant que de nouvelles fouilles aient mis à jour d'intéressantes découvertes, a réuni dans un petit musée tous les objets trouvés sur place, tels que bustes, lampes funéraires, bijoux, médailles, fragments de colonnes etc.

La forêt de Chaïba est une des grandes attractions d'Hammam R'irha ; elle en est peu éloignée et l'on s'y rend par une jolie route qui serpente le long des flancs de la montagne. Elle est presqu'entièrement composée de pins qui certes n'ont pas l'élévation de ceux que l'on rencontre en Suisse ou dans les Pyrénées, mais qui néanmoins ont un bel aspect. Le chemin tracé aussi bien pour les piétons que pour les voitures, offre des points de vue charmants. Tantôt on se trouve en face du ravin profond séparant Hammam R'irha de Vesoul-Benian, coquet village presqu'entièrement peuplé de Francs-Comtois et perché sur le plateau élevé qui domine le cours de l'Oued-Djer supérieur. Tantôt on aboutit à telle clairière d'où l'on découvre la chaîne de l'Atlas avec le pic du

Zakkar, puis, en se retournant, dans le lointain la plaine de la Mitidja. *Tom*, le chien favori de l'Hôtel, est mon compagnon de route. Il me précède joyeusement, m'attendant à tous les détours ; mais il disparaît souvent en plein bois et je m'aperçois à ses courses folles que la forêt de Chaïba doit être giboyeuse.

Au retour de cette charmante promenade, je croise les excursionnistes algériens qui, sous la conduite de l'habile professeur Durando, vont botaniser ou prendre des croquis dans la forêt.

MILIANAH

> Sur les bords d'une plaine immense et fortunée
> Et magnifique à voir au matin de l'année,
> Milianah, la ville aux moresques maisons,
> Plonge d'un haut sommet sa vue aux horizons.
> De son faîte, elle semble, en sa fière attitude,
> Garder et commander la solitude.
> <div style="text-align:right">J. AUTRAN, Milianah, poème.
Juillet 1841.
(<i>Tome III des œuvres complètes.</i>)</div>

MILIANAH, *8 mai 1886.*

Il faut lire le poème émouvant d'Autran, traduction en vers du journal du colonel d'Illens, ainsi que le récit de l'entrevue qu'eut avec ce brave défenseur de Milianah L. Veuillot en 1841 [1], pour se faire une idée des souffrances qu'endurèrent nos troupes au

---

[1] *Les Français en Algérie*, par L. Veuillot.

début de la conquête et du courage héroïque qu'elles déployèrent pour maintenir haut le drapeau de la France.

De tous les postes que nous avons occupés en Algérie, Milianah est peut-être la ville où nos soldats eurent à supporter les plus dures épreuves. Aussi, faire revivre cette épopée guerrière, mettre ce tableau dramatique sous les yeux des lecteurs, m'a paru un devoir, un hommage rendu de nouveau à ceux qui versèrent leur sang pour la patrie sans en attendre la plus petite récompense. Il sera intéressant également de voir ce que fut autrefois Milianah et ce qu'elle est aujourd'hui.

Le blocus du 8 juin 1840, jour de la prise de possession, au mois d'octobre suivant, époque à laquelle Changarnier se porta au secours de la garnison, a été retracé par L. Veuillot, dans ses Souvenirs d'Algérie, à la suite de l'entrevue qu'il eut à Marseille avec le colonel d'Illens en 1841.

Je ne saurais faire mieux que de reproduire ce récit dans toute sa simplicité:

„Je faisais, dit le colonel d'Illens, partie

de l'expédition qui chassa de Milianah Mohammed-ben-Sidi-Embarrak, khalifat (lieutenant) d'Abd-el-Kader. L'armée ne savait pas si l'on occuperait cette petite ville, dont la situation est agréable, mais que les Arabes avaient saccagée avant de se retirer, et qui n'était qu'un monceau de ruines. On m'y laissa avec douze cents hommes. Je ne m'y attendais point, je n'avais pu faire aucune disposition et l'armée, qui partit aussitôt, n'en avait pris aucune. Des vivres entassés à la hâte, quelques munitions, quelques outils et c'était tout. J'avoue que je ne pus voir sans un certain serrement de cœur nos camarades s'éloigner et disparaître derrière les collines qui entourent Milianah. Le sentiment de responsabilité pesa douloureusement sur mon âme. Heureusement que je ne pus pas mesurer d'un coup ni toute notre faiblesse, ni tous nos dangers. Si j'avais connu le sort qui attendait mes malheureux soldats, je crois que j'aurais perdu la tête.

„ Je me mis sur-le-champ à examiner notre séjour, je puis bien dire notre prison; car nous étions cernés de toutes parts, et l'armée n'était pas à quatre lieues qu'on nous tirait déjà des coups de fusil. Je voulais savoir quelles ressources le lieu pouvait offrir. Le mobilier des Arabes est léger : lorsqu'ils s'en vont, il leur est facile de tout emporter avec eux ; ils n'y avaient pas manqué. Ce qu'ils s'étaient vus forcés de laisser était brisé ; toutes les maisons offraient des traces récentes de l'incendie. Nous ne trouvâmes que trois petites jarres de mauvaise huile, qui furent partagées entre l'hôpital et les compagnies pour l'entretien des armes et deux sacs contenant quelques centaines de pommes de terre. On découvrit aussi dans un silo (excavation où les Arabes cachent le blé) des boulets et des obus. Du reste, pas un lit, pas une natte, pas une table, pas une écuelle. Abandonnés au milieu du désert, nous n'aurions pas été plus dépourvus. Chaque pas que je faisais à travers ces funestes masures, chaque instant qui s'écoulait me révélaient les périls de notre situation. Une odeur infecte régnait dans la ville ; de toutes parts elle offrait des brèches ouvertes à l'ennemi. L'on vint me dire que les spiritueux manquaient pour corriger la crudité de l'eau, que les vivres étaient avariés et que l'on doutait qu'il y en eût assez pour suffire au besoin de la garnison ; mais cette dernière circonstance m'inquiétait peu. Déjà je ne pouvais que trop sûrement compter sur la mort pour diminuer le nombre des bouches. Plusieurs des soldats que l'on m'avait laissés étaient déjà souffrants. Je les voyais silencieux, tristes, promener autour d'eux un œil abattu. Je n'ignorais pas ce que m'annonçaient cette attitude et ces regards.

„On était au milieu de juin. Sous un soleil qui marquait 30 degrés Réaumur, il fallait assainir la ville, réparer la muraille, faire faction, se battre, garder le troupeau, notre unique ressource et le perpétuel objet de la convoitise des Arabes, qui tentaient sans cesse de l'enlever. La masure que nous appelions l'hôpital fut bientôt remplie de fiévreux, la plupart couchés sur la terre, les plus malades sur des matelas formés de quelques débris de laine ramassée dans les égouts, où les Arabes l'avaient noyée avant de s'enfuir et que nous avions tant bien que mal lavée. Cependant, tout alla passablement jusqu'aux premiers jours de juillet. Le moral et la santé se soutinrent; nous pûmes à peu près suffire aux fatigues excessives qu'exigeaient les travaux les plus urgents. Mais le mois de juillet nous amena une température de feu; le thermomètre monta au soleil jusqu'à 58 degrés centigrades; le vent du désert souffla et dura sans relâche vingt-cinq jours; les maladies éclatèrent avec une violence formidable; la diarrhée, la fièvre pernicieuse, la fièvre intermittente, enlevèrent beaucoup de monde et n'épargnèrent personne. Plus ou moins, chacun en ressentit quelque chose: tous les officiers, excepté un capitaine du génie, tous les officiers de santé, tous les administrateurs et employés, tous les sous-officiers et soldats anciens et nouveaux en Afrique ont payé leur tribut. A peine aurais-je pu trouver, en certains moments, cent cinquante hommes capables d'un bon service actif. Il fallait, en les menant à leur poste, donner le bras aux hommes que l'on mettait en faction. Ces pauvres soldats, dont le visage maigre et défait s'inondait à chaque instant de sueur, pouvaient à peine se soutenir sur leurs jambes tremblantes ; n'ayant plus même la force de parler, ils disaient péniblement à leur officier, avec un regard qui demandait grâce : „Mon lieutenant, je ne peux plus aller, je ne peux plus me tenir. — Allons, mon ami, répondait tristement l'officier, qui souvent n'était guère en meilleur état, un peu de cœur; c'est pour le salut de tous. Place-toi là, assieds-toi. — Eh bien ! oui, répondait le malheureux, content de cette permission, je vais m'asseoir." On l'aidait à défaire son sac, il s'asseyait dessus, son fusil entre les jambes, contemplant l'espace avec ce morne regard qui déjà ne voit plus. Ses camarades s'éloignaient la tête baissée. Bientôt le sergent arrivait et de la voix sombre qu'ils avaient tous : „Mon lieutenant, il faut un homme. — Mais il n'y en a plus. Que le pauvre *un tel* reste encore une heure. — Un tel a monté sa dernière garde !" Il fallait conduire, porter presque un mourant à la place du mort.

„— Et ils obéissaient? dis-je au colonel, qui avait les yeux remplis de larmes.

„— Je n'ai pas eu, reprit-il, à punir un acte d'indiscipline. Mais je ne pouvais leur ordonner de vivre. Quelques-uns devinrent fous. Ceux que la nostalgie avait attaqués, ceux dont le cœur était plus sensible, les jeunes soldats qui avaient laissé en France une fiancée qu'ils aimaient encore, furent atteints les premiers et ne guérirent pas. Après eux, je perdis tous les fumeurs. Le manque absolu de tabac était sans contredit pour ces derniers la plus cruelle des privations. J'avais décidé un Kabyle, qui venait rôder autour de nous, à nous en vendre, et il m'en avait même apporté trois à quatre livres qui, distribuées aux plus nécessiteux, prolongèrent véritablement leur vie ; mais, pris sans doute par les Arabes, cet homme ne reparut plus. Alors, profitant de quelques connaissances ou de quelques souvenirs qui me venaient je ne sais d'où, je fis faire, comme je pus, avec des feuilles de vigne et d'une autre plante, une espèce de tabac qui fut reçu avec joie par ces infortunés. Malheureusement mon invention vint trop tard.

„J'étais forcé de m'ingénier de toutes manières pour combattre mille dangers, pour tromper mille besoins impossibles à prévoir. Afin de lutter contre les désastreux effets de la nostalgie, j'avais organisé une section de chanteurs qui, deux fois par semaine, essayaient de récréer leurs camarades, en leur faisant entendre les airs et les chansons de la patrie. Les uns riaient, les autres pleuraient. Quand les chanteurs, qu'on écoutait avec un douloureux plaisir, avaient fini, beaucoup regrettaient plus amèrement la patrie absente. Ce mal du pays est terrible! Je ne savais pas en définitive si cette distraction, toujours impatiemment attendue, produisait un résultat favorable ou contraire. Mais je n'eus pas à délibérer là-dessus bien longtemps! La maladie attaqua les chanteurs; presque tous moururent comme ceux que leurs chants n'avaient pu sauver.

„On nous avait abandonnés si vite et avec une si cruelle imprévoyance, que dès les premiers jours les souliers manquèrent à un grand nombre d'hommes. Je me souvins heureusement des chaussures espagnoles. Les peaux fraîches de nos bœufs et de nos moutons, distribuées aux compagnies, leur servirent à faire des espadrilles. Beaucoup aussi manquaient de linge et d'habillements. La mort n'y pourvut que trop.... Quel lamentable spectacle offrait cette pauvre troupe, mal en ordre, déguenillée, mourante! Parmi tant de misères, c'est encore une souffrance pour le soldat de ne pouvoir quelquefois se mettre en grande tenue.

„Je vous ai dit qu'une partie des vivres étaient avariés. La farine surtout ne produisait qu'un pain détestable ; et encore vîmes-nous le moment où ce mauvais pain nous manquerait, non pas faute de farine, mais faute de boulangers. Comme nos chanteurs, comme nos jardiniers, qui n'avaient point vu germer leurs semailles, nos boulangers étaient morts ou malades et j'eus à plusieurs reprises une peine infinie à me procurer le pain nécessaire au peu d'hommes qui pouvaient manger. Que vous dirai-je? Les bataillons se sont trouvés souvent presque sans officiers, l'hôpital presque sans chirurgiens et sans infirmiers. Ceux qui travaillaient le plus, ceux qui travaillaient le moins, les forts, les faibles, ceux qui avaient pu guérir déjà une ou deux fois, ceux qui semblaient résister à tout, venaient successivement encombrer cet hôpital, d'où j'avais fait emporter tant de cadavres.

„Les Arabes soupçonnaient notre détresse sans la connaître entièrement. Mes pauvres soldats faisaient bonne contenance devant l'ennemi, qui ne nous laissait point de repos. Il fallait presque tous les jours combattre et les balles venaient mordre ceux que la maladie n'avaient point entamés. Nos fiévreux enviaient le sort de leurs frères qui mouraient d'une blessure. Ils se faisaient conter les traits de courage qui tenaient en respect les Bédouins. Un jour, un brave garçon, un carabinier nommé Georgi, se précipita seul au milieu de trente Kabyles qui attaquaient un de nos avant-postes; il en perça plusieurs de sa baïonnette, mit les autres en fuite et les obligea d'abandonner leurs blessés dont il se rendit maître. Ce fut une fête dans la ville et dans l'hôpital; cette action de Georgi fit plus que tous les médicaments. Mais nous n'avions pas souvent de ces prouesses. Pour poursuivre l'ennemi, il fallait plus de jambes qu'il nous en restait. C'était beaucoup de n'être pas absolument bloqués dans nos murs. Au bout de trois mois, vers la fin de septembre, n'ayant que très-peu d'hommes à opposer aux attaques réitérées des Arabes, le ravitaillement des postes avancés devenait très-difficile. Officiers, médecins, gens d'administration, tout le monde prit le fusil ; je le pris moi-même et je dus aller à l'ennemi, suivi d'une quarantaine d'hommes, dont quelques-uns étaient à peine convalescents.

„Tout se tournait contre nous. Les fruits que nous offraient les arbres étaient dangereux et se changeaient en poison. L'approche de l'automne n'adoucissait pas cette température qui nous avait dévorés. La mortalité allait croissant. Je remarquai que les Arabes, voulant s'assurer de nos pertes, venaient la nuit compter les fosses dont nous entourions les murs de la ville ; et nous en creusions de nouvelles tous les jours ! J'ordonnai qu'on les fît plus profondes et qu'on mît dans chacune plusieurs cadavres à la fois. Les soldats obéirent ; mais leur force épuisée ne leur permit pas de creuser bien avant. Un matin, ceux qui devaient remplir à leur tour ce lugubre office, vinrent tout effarés me dire que les morts sortaient de terre. La terre, en effet, n'avait pas gardé son dépôt. Elle était inhospitalière aux morts comme aux vivants. La fermentation de ces cadavres l'avait soulevée ; elle rendait à nos regards les restes décomposés de nos compagnons et de nos amis. Je ne puis vous dire l'effet de ce spectacle sur des imaginations déjà si frappées. Malade moi-même et me traînant à peine, j'allai présider au travail qu'il fallut faire pour enterrer nos morts une seconde fois ; et, afin que mes intentions fussent à l'avenir mieux remplies, je continuai de conduire désormais ces convois chaque jour plus nombreux et plus lamentables. J'avais beau m'armer de toute ma force, je ne pouvais m'y faire. Je m'étais attaché à ces soldats si bons, si malheureux, si résignés, si braves. Des enfants n'auraient pas mieux obéi à leur père ; un père n'aurait pas davantage regretté ses enfants. Je ne me suis pas un seul instant endurci à cette douleur ; je sens que je ne m'endurcirai jamais à ce souvenir!

„— Colonel, lui dis-je, quel était donc le chiffre de vos pertes?

„— Lorsqu'on vint, reprit-il, nous relever le 4 octobre, nous en avions enterré huit cents.

„— Huit cents! m'écriai-je.

„— Au moins huit cents, reprit-il; les autres, ceux qu'on emmena ou qu'on emporta, étaient malades, et l'on a jalonné le chemin de leurs sépultures. Ni l'art des médecins, ni la joie de leur délivrance ne les purent remettre. Ceux qui parvinrent jusqu'aux hôpitaux de Blidah ou d'Alger, y succombèrent victimes d'un mal incurable. Au sortir de Milianah, il ne s'en était pas trouvé cent qui fussent en état de marcher quelques heures; il ne s'en trouva pas un qui pût porter son sac et son fusil. Lorsque plusieurs mois après je quittais l'Algérie pour venir me rétablir en France, il y en avait encore, à ma connaissance, une trentaine de vivants. Qui sait s'ils vivent aujourd'hui? Je fus un des moins maltraités et vous me voyez... Eh bien! nous n'avons pas cessé de travailler; nous avons exécuté des travaux considérables ; nous avons mis la place en état de défense ; nous avons établi un bel hôpital ; tout le monde, jusqu'au dernier moment, a rempli son devoir. Toujours l'ennemi nous a respectés et nous a craints. La discipline a été jusqu'au bout parfaite ; l'union, la concorde, le dévouement n'ont pas cessé de régner entre nous. Au milieu de tant de fatigues, de tant de privations, de tant de misères que je ne puis raconter, il n'y a eu que vingt-cinq déserteurs, et ils appartenaient à la légion étrangère : pas un n'était Français.

„— Mais, dis-je, colonel, comment se fait-il que ces détails n'aient pas été connus en France ? Je n'avais pas la moindre idée de tout ce que vous m'apprenez, et cependant je me tiens au courant des nouvelles d'Alger.

„— Les rapports officiels ont gardé le silence, reprit-il ; cela était trop désastreux. On s'est borné à dire que *la garnison de Milianah, éprouvée par le climat, avait été relevée.* Cette phrase est devenue célèbre dans notre armée d'Afrique.

„— Quoi ! pas un mot d'éloge pour cette

garnison intrépide! Rien pour honorer les morts, rien pour consoler les survivants prêts à mourir!

„— Rien, répondit le colonel; ces événements ne venaient pas à l'appui du système qu'on voulait suivre, et pouvaient compromettre des réputations plus importantes que les nôtres. Ils furent passés sous silence. Cependant, je reçus un témoignage d'estime: on exprima le désir de me voir conserver le commandement supérieur de la nouvelle garnison, et j'acceptai. Quoique je fusse bien malade, le devoir parlait; je suis un vieux soldat; je n'ai pas plus de raison qu'un autre pour tenir à la vie. Ce qui me creva le cœur, ce fut de voir le peu de précautions que l'on prit pour éviter aux nouveaux venus le sort de ceux qu'ils remplaçaient.

„— Et perdites-vous encore beaucoup de monde?

„— Moins que la première fois; mais nous n'obtînmes pas beaucoup plus de remercîments... et je suis encore lieutenant-colonel comme je l'étais alors. Avez-vous déjà vu la guerre, monsieur?

„— Non, colonel.

„— Eh bien, poursuivit le vieil officier avec un pénible sourire, regardez-la de près. Vous saurez que tout n'est pas roses et lauriers dans le métier des héros."

PANORAMA ACTUEL

LA VALLÉE DU CHÉLIF — L'ŒIL DU MONDE — L'ALFA

UN COIN DE FRANCE

LES HIRONDELLES — SOLEIL COUCHANT

MILIANAH, *9 mai 1876.*

L'herbe, a dit un ancien, croît mieux sur les tombeaux que partout ailleurs. La fécondité du sol qui entoure Milianah et dans lequel tant de morts ont été ensevelis, la densité de la végétation qui s'étage du haut en bas de la montagne viendraient attester une fois de plus la véracité de cette assertion, si elle n'avait été déjà reconnue maintes et maintes fois. Quel contraste entre le tableau d'autrefois si envahi par les ombres et celui d'aujourd'hui, si éclatant de lumière!

Lorsqu'au delà de la station de *Bou-Medfa*, on quitte l'*Oued-Djer* pour remonter la vallée d'un de ses affluents, l'*Oued-Bou-Halouan*, on ne voit que montagnes arides, ravins sablonneux. C'est la nature sous ses aspects les plus tristes; les arbres se refusent à croître dans un terrain aussi ingrat. De loin en loin, de misérables gourbis accrochés aux flancs des collines donnent seuls un peu de vie à ce coin de terre si dénudé. A partir de la station de *Vesoul-Benian* la montée devient de plus en plus pénible jusqu'à *Adelia*, qui porte le nom d'une des filles du maréchal Bugeaud, et que l'on atteint après avoir traversé le premier tunnel de l'Atlas. C'est à *Adelia* que s'est installée la *Compagnie strasbourgeoise* dans le but d'y créer de vastes vignobles. Un projet existe pour relier par un tronçon cette station à *Milianah*, sans passer par Affreville.

On passe à travers un dernier tunnel: Changement de décor subit, sans transition, qui éblouit et surprend d'autant plus qu'il est imprévu. Il faut s'attendre à ces coups de théâtre en Algérie! La montée est terminée;

on descend par une pente rapide à travers des ravins boisés qui vous laissent entrevoir le plus beau panorama que l'on puisse rêver, la vaste plaine du *Chélif* s'étendant à perte de vue et dans le milieu de laquelle serpente l'Oued qui lui a donné son nom et qui la partage en deux parties égales. A l'horizon, aussi loin que la faculté de voir peut s'étendre, s'étagent les merveilleuses chaînes de montagnes de l'*Ouaransenis*, avec leur point culminant, l'*Œil du Monde*. La perspective est grandiose. Lorsque l'on a franchi l'*Oued-Boutan*, on distingue à droite, pendant quelques instants seulement, la ravissante *Milianah* suspendue au flanc du *Zakkar*.

Affreville[1] où l'on descend est un gros bourg de 3000 âmes environ, qui, par son heureuse situation sur la ligne d'Alger à Oran, par son terrain fertile, est destiné à prendre toute l'importance qu'avait autrefois *Milianah*, dont l'accès sera toujours difficile, eu égard à son altitude, tant qu'elle ne sera

---

[1] Ce nom lui a été donné en souvenir de M${}^\text{gr}$ Affre, archevêque de Paris, tué sur les barricades en 1848.

pas reliée à *Adelia* par une ligne directe. Un projet qui viendrait accroître encore la prospérité d'*Affreville* est celui à l'étude depuis plusieurs années, qui, ouvrant la voie du désert, relierait *Boghar* et *Laghouat* à la ligne d'Oran par un embranchement partant d'*Affreville*. Des spéculateurs se sont déjà présentés, qui ont proposé de construire à leurs frais cette nouvelle ligne, sous la condition que l'État leur accorderait une concession d'alfa, plante venant en abondance sur les hauts plateaux de l'Algérie. Employée de longue date à la confection d'ouvrages de sparterie, elle s'est révélée excellente pour la fabrication des pâtes à papier; cette découverte toute récente lui a donné une valeur beaucoup plus considérable et son exploitation a pris une grande importance depuis le jour où le commerce anglais en a fait des commandes considérables [1].

---

[1] L'exportation de l'alfa a été, pendant la dernière période décennale, de 400,000 tonnes, qui, à raison de 120 francs l'une, représentent près de 50 millions. En 1881, l'Angleterre se faisait livrer 58,000 tonnes, alors que la France n'en demandait que 4000.

Impossible d'imaginer un contraste plus frappant que celui du ravin inculte et aride du *Bou-Halouan* que l'on a péniblement remonté pour atteindre *Adelia* — et de la vallée riante et fertile du cours du *Boutan*, descendant en nombreuses cascades du Zakkar, que l'on gravit en quittant le bourg d'*Affreville* pour atteindre *Milianah*. La route, faisant un coude, passe sous le chemin de fer d'Alger à Oran et serpente par de nombreux lacets entre les vergers les plus fleuris qui se puissent voir. Toute la végétation de France y croît à merveille : C'est une suite non interrompue de verdure, d'arbres fruitiers mélangés aux longs peupliers à la feuille tremblante que l'on est surpris de retrouver si loin du sol natal, aux grenadiers et aux chèvrefeuilles en pleine floraison, envoyant au loin leurs parfums odoriférants. Çà et là, de belles propriétés où se promènent gravement des paons au riche plumage, de riants moulins, avec leurs conduites d'eau parées de traînées de lierre, autour desquels voltigent des nuées d'hirondelles, venant chasser-croiser autour des corniches pour retrouver leurs nids, battant de l'aile au long des tuiles, faisant entendre leur gentil ramage.

A ces gracieuses bestioles s'appliquent ces vers du poète qui me reviennent en mémoire [1] :

> Avec cris et battements d'ailes
> Sur la moulure aux bords étroits
> Ainsi jasent les hirondelles.

En face de nous, se dresse comme un *Burg* sur une large esplanade, entourée de ses remparts et flanquée de vastes casernes à la toiture rouge, *Milianah,* presque à pic sur la vallée. De son enceinte même s'échappent de blanches cascades aux eaux écumeuses courant à travers la verdure, descendant rapidement les coteaux et semblant se hâter pour aller porter la fraîcheur de leurs eaux à l'*Oued-Chélif* qui arrose la vaste plaine. Au-dessus de *Milianah,* la masse haute et sombre du *Zakkar-Rharbi* est couronnée par le marabout de *Sidi-Abd-el-Kader.*

---

[1] Émaux et Camées — ce que disent les hirondelles.
TH. GAUTIER.

Lorsque l'on se retourne, la vue est différente, mais n'est pas moins belle sur l'immense vallée du *Chélif* avec son horizon de montagnes de l'*Ouaransenis*, plongé au soleil couchant dans un bain d'or. Je m'applaudissais de la lenteur de notre attelage qui s'arrêtait à tous les tournants de la route; le conducteur, un juif encore jeune, qui n'avait conservé du costume oriental que les babouches, les bas bleus et la culotte courte, était sans doute peu disposé à arriver vite au terme du voyage; car il ne répondait même pas aux observations de plusieurs touristes, plus pressés que je ne l'étais. Je profitais de ces arrêts fréquents pour admirer le panorama vraiment merveilleux qui se déroulait devant mes yeux et s'agrandissait au fur et à mesure que nous atteignions un point plus élevé de la côte. „Je faisais provision de lumière pour les jours ténébreux et trop fréquents où l'esprit n'a plus que des vues tristes."

Le soleil était sur son déclin, dardant de longs rayons au milieu du feuillage, et donnait une teinte encore plus piquante aux fleurs rouges des grenadiers. A travers les cimes des peupliers dominant le groupe des arbustes, l'œil pouvait suivre les méandres du Chélif et, au loin, apparaissait l'*Œil du monde* dans une gerbe de lumière! Vue pittoresque d'un horizon ouvert à l'infini! Il n'y avait là aucun écho des années terribles, aucun souvenir de ce passé où la nature elle-même, ravagée, incendiée, ne pouvait que donner désespérance aux infortunés qui, loin de la patrie, n'avaient plus pour soutien que le sentiment du devoir et l'instinct de la conservation. Seul, le *Zakkar*, couronné par le marabout de *Sidi-Abd-el-Kader*, comme par un nid d'aigle, conservait l'aspect sombre et farouche d'autrefois.

Plus on se rapproche de Milianah, plus l'ensemble du paysage a d'analogie avec certaines contrées de la France : un *ressouvenir* des environs de *Royat* en *Auvergne* avec ses belles verdures et ses nappes d'eau jaillissantes à chaque coin de route. Arrivés à la porte du *Zakkar*, nous pénétrons dans la cité sous une véritable nef formée par le feuillage touffu des hauts platanes qui bordent la rue *Saint-Paul* jusqu'à la place où s'élève la tour originale d'un ancien minaret, aujourd'hui contenant l'horloge de la ville. Très pittoresque, en effet, cette construction carrée et élancée, entièrement revêtue de lierre de la base au faîte, ne laissant que le cadran à découvert. Le crépuscule était déjà venu. La tour était pour nous une apparition fantastique, que l'obscurité ne nous permettait pas de définir.

Nous descendons à l'hôtel du Commerce dans une rue voisine de la place de l'Horloge et nous constatons avec une certaine satisfaction que le confort des chambres et de la nourriture est bien supérieur à ce que nous avions rencontré jusqu'ici en Algérie.

L'ESPLANADE

LE COIN DES BLAGUEURS

PANORAMA SUR LA VALLÉE DU CHÉLIF — LES CASERNES — LE CIMETIÈRE FRANÇAIS — UNE FILLE DU DJEBEL-AMOUR — DJAMA ET MARABOUT BEN YUSEF — JARDIN MAGENTA — RETOUR A BLIDAH.

MILIANAH, *10 mai 1886.*

Matinée à souhait ! Ciel bleu... soleil éclatant... Temps capable d'éloigner toutes les tristesses, tous les chagrins. J'ai hâte de quitter ma petite chambre d'hôtel, qui n'a vue du reste que sur une rue assez étroite, pour commencer ma promenade *intra et extra muros*. Je revois la tour qui m'avait si fort intrigué la veille, ce minaret, reste d'une mosquée détruite, aussi étonné sans doute de loger dans ses flancs un large cadran que celui de la Mosquée de la Pêcherie sur la place du Gouvernement, à Alger. Mais, j'en demande bien pardon à Alphonse Daudet, dont je venais de relire la charmante nouvelle[1], je ne vois là aucun marabout aux grêles murailles, pas plus que je ne découvre de remparts arabes, qui ont été remplacés de longue date par des remparts français. Imagination méridionale ! Le lierre a envahi entièrement le vieux minaret ; — plus trace de maçonnerie ; ce n'est qu'une suite ininterrompue de verdure de la base au faîte. Devant la tour, une petite fontaine, ornée de jets d'eau lançant de minuscules gerbes, fait entendre son léger murmure. De beaux platanes, qui rivalisent en hauteur avec ceux de la rue Saint-Paul, encadrent la place bordée de maisons entièrement françaises. Pour retrouver les quelques demeures mauresques qui ont échappé à l'incendie de 1840 et aux alignements de la nouvelle cité, il faut aller les chercher dans les parties ex-

---

[1] A Milianah. — *Lettres de mon Moulin*, p. 237.

trêmes, les plus rapprochées des remparts. Et encore n'offrent-elles extérieurement rien de frappant, en raison des toitures en tuiles qui les déparent ; l'intérieur présente toujours des galeries quadrilatérales, soutenues par des colonnades en pierre et à ogives surbaissées. L'aspect de Milianah est donc celui d'une ville européenne, où l'architecture n'a joué qu'un rôle très secondaire et dans laquelle, en dehors des diverses constructions assez vastes, mais simples, à l'usage des services militaires ou civils, on ne voit que des maisons, dans l'édification desquelles aucun sentiment élevé ne s'est fait sentir. Cette constatation d'un état antiartistique n'est pas particulière à Milianah, mais générale à toute l'Algérie. Les préoccupations inhérentes à la conquête, à la mise en valeur des terres, en un mot, les nécessités de la vie pratique dominant avant tout chez des émigrants qui, pour la plupart sans ressources, venaient tenter la fortune, n'étaient pas de nature à faire songer aux belles lignes architecturales. En dehors des règles de l'alignement, nul souci d'un art quelconque ne s'est donc révélé dans la construction de leurs demeures, comme dans celle de leurs monuments. Quelles merveilles seraient des villes comme Milianah, Blidah et tant d'autres si, aux situations pittoresques qu'elles occupent, venaient se joindre les gracieuses et poétiques silhouettes de monuments construits dans le style oriental !

De la place de l'Horloge je me dirige par les rues Denis Affre et Saint-Jean, rues bien françaises, et en côtoyant la sous-préfecture, l'église et les jardins du Cercle militaire, vers la fameuse Esplanade ou terrasse, d'où la vue est la plus belle qui puisse se concevoir. Ombragée par de beaux arbres, elle est limitée par le mur d'enceinte, à hauteur d'appui, qui s'élève à pic sur les riches vergers se succédant sans interruption jusqu'à la plaine. Au-dessous de moi j'entends bouillonner les eaux de l'Oued-Boutan qui s'échappent en cascades des murailles, et qui font si bel effet vues du bas de la colline ; elles courent à travers les vergers et on les suit de l'œil ainsi que les multiples lacets de la route qui descend à Affreville.

Toute cette vallée du Chélif que je revoyais maintenant en pleine lumière, coupée par les routes de Teniet-el-hâd et d'Orléansville, et bornée au sud-ouest par les massifs imposants de l'Ouaransenis, était encore plus étonnante, plus vibrante que la veille aux dernières lueurs du soleil couchant. La lumière franche et vive brille avec crudité; elle éblouit les yeux et, si elle n'était tempérée par les ombres épaisses des platanes qui m'abritent, elle les blesserait. La transition brusque de cette lumière intense à l'ombre très accentuée des arbres ou des murs ne peut mieux se comparer, tant elle est frappante, qu'au passage du jour à la nuit. Au loin, les chauds rayons du soleil rendaient encore plus unies les vastes prairies que ne venait troubler aucun souffle de vent. C'est en voyant, en admirant de pareils sites qu'on oublie les peines et les petitesses de ce monde. Assis sur le mur d'enceinte, je me laissais aller à des pensées de quiétude immense, de contentement inexprimable.

Les beaux vers d'Alexandre Dumas, dans *Charles VII,* me revenaient en mémoire :

« Écoute : quand d'Allah la puissance féconde
Jadis pour ses enfants a fait deux parts du monde,
Aux Arabes qu'il aime il dit en souriant :
Vous êtes mes aînés et voici l'Orient ;
Cette terre est à vous de Tanger à Golconde,
Et vous l'appellerez le paradis du monde.
Puis, d'un œil de courroux ensuite regardant
Vos pères, il leur dit : Vous aurez l'Occident ! »

Inutile d'aller jusqu'à Golconde ; on peut s'arrêter à Milianah ; on y trouvera un coin de cet Éden promis par Allah !

De l'esplanade, que les artistes peuvent embellir des noms les plus poétiques, mais que les malins du pays appellent *Coin des blagueurs*, fort probablement pour ne pas laisser oublier qu'un sang méridional coule dans leurs veines, j'arrive, après avoir suivi les fortifications, sur une grande place fortement ensoleillée, bordée à gauche par de vastes casernes et plantée seulement de quelques gros arbres touffus, qui de loin font à terre de noires taches d'ombre. De petits chasseurs à la veste bleue vont et viennent, traversent la place sans se soucier du soleil. Voilà la joie du colon, cette note bleue qui vous rappelle toujours la mère-patrie. Aussi, avec quelle tristesse les habitants ont vu la subdivision militaire transférée en 1872 de Milianah à Orléansville ! Ils aspirent à son retour et ne désespèrent pas de voir leurs désirs exaucés.

La porte d'Orléansville se trouve à peu de distance des casernes et vous conduit au cimetière français, aussi bien entretenu, aussi coquet (si l'on peut appliquer un pareil adjectif à la demeure des morts) que celui de Blidah. Pas une mauvaise herbe ne recouvre les tombes en marbre blanc, étincelantes de blancheur et entourées de fleurs le plus belles, toujours renouvelées. De hauts cyprès, dont les racines sont sans cesse arrosées par l'eau de petits ruisseaux, bordent les allées en pente ; ils peuvent rivaliser avec ceux si justement vantés des jardins Giusti à Vérone. Établi sur le versant de la montagne, le cimetière domine la vallée et les collines d'alentour, dont la plus éloignée, un pic assez élevé, porte une tour qui autrefois servait de télégraphe aérien et fait excellent effet à l'horizon.

La chaleur est accablante. Pas un souffle dans l'air... Un silence qui n'est troublé que par le bourdonnement des insectes à travers les acacias en fleurs. Le soleil, que l'on recherchait il y a peu de jours, s'évite et l'on marche à l'ombre courte des murs. Les hirondelles, comme dans le Sahel, sont en nombre considérable, et se réfugient sous les corniches des bâtiments. La route qui me ramène au marché, place du Zakkar, est plantée de trembles à l'épais feuillage argenté ; j'ai mesuré des troncs qui n'avaient pas moins de 2^m,50 à 3 mètres de circonférence. Vu, en passant, des négresses à la face simiesque, aux jambes grêles ornées de lourds bracelets de fer ou de cuivre, assises sur des nattes et toutes emmitouflées dans leurs haïks rouges.

Après un déjeuner lestement pris à l'hôtel, je vais m'asseoir au café Maure, situé dans un angle de la place de l'Horloge. Plusieurs petits Arbis accourent m'offrir leurs services, les uns pour me nettoyer les chaussures, les autres pour me servir de guides et me conduire au marabout de Sidi Abd-el-Kader qui domine la pointe du Zakkar-Rharbi. Mais j'avais pris mes renseignements; je savais qu'il ne fallait pas moins de deux à trois heures, surtout en pleine chaleur, pour atteindre le faîte de la montagne et, malgré l'assurance de mon jeune Arabe qui prétendait m'y conduire en une heure, je renonçai bien à regret à cette excursion qui doit être entreprise dès l'aube. Un de ces enfants venait de tuer une hirondelle et la présentait à un Arabe qui prenait son café près de moi: „Ta main, lui dit-il, tremblera jusqu'à la fin de tes jours." — Quantité de Juifs, de Juives (c'est un samedi) passent devant nous. Ils sont nombreux à Milianah. Lorsque je parle d'eux à mon voisin l'Arabe, il fait de la main droite un mouvement tournant très expressif, très significatif, voulant indiquer la rapacité du juif et ses tendances à l'avarice, au détournement. Il partage mon avis relativement aux femmes juives; il leur préfère les mauresques et surtout les belles filles du *Djebel-amour*, ce pays de l'alfa et des rochers escarpés, qui, bien que voisin du Sahara, a une physionomie si tranchée. Il s'étend complaisamment sur les mœurs particulières de cette partie de l'Algérie. *El-Richa* ou *El-Ggika*, le Ksar le plus important de la contrée, est l'entrepôt des filles qui trafiquent de leur beauté ; c'est aussi le pays des almées. Celles qui voyagent quittent de bonne heure cette Circassie algérienne et vont s'établir dans les grandes villes. Celles qui restent au pays forment une sorte d'association et tiennent des hôtelleries où le voyageur peut, après avoir fumé le kief ou pris le couscous et le café, obtenir leurs faveurs. C'est un usage reçu, et les parents ne voient rien à dire à cet état de choses qu'ils favorisent. Toutes ne songent qu'à amasser un petit pécule qui leur permet toujours de trouver un époux.

„ Veux-tu voir une de ces almées, me dit
„ tout à coup l'Arabe ; c'est une des plus
„ séduisantes que l'on puisse admirer."

Comment résister à une proposition si tentante et qui était remplie de promesses ! Nous nous dirigeons vers un quartier retiré, non loin des remparts et frappons à une porte que vient nous ouvrir une horrible vieille, gardienne du Sérail. *Djohar* était nonchalamment étendue sur plusieurs matelas revêtus d'étoffes soyeuses. Mon conducteur avait dit la vérité : elle était merveilleusement belle. En voyant ses traits gracieux, on songeait à la description poétique due à un Meddah de Bou-Saada[1] :

> Ses cheveux caressent ses épaules
> Comme deux lourdes tresses de soie ;
> Ses sourcils sont deux arcs d'ébène,
> Sa prunelle un coin de nuit
> Où scintille une étoile.
> Sa lèvre, la grenade ouverte
> Où l'on mord quand on a soif,
> Ses seins sont blancs comme la
> Neige qui tombe dans le Djebel-amour ;
> Ils ont la dureté du marbre,
> L'élasticité de la Metara pleine
> Et sont plus doux que le miel....

Je dois toutefois à la vérité de dire que les seins de notre belle odalisque n'avaient

---

[1] Sous le Burnous — La fille du Biskri, par Hector France.

rien de commun, en tant que blancheur, avec la neige. Ils étaient, comme tout son corps, d'un brun luisant, rappelant la belle patine des bronzes florentins de la renaissance. — Elle portait le costume des femmes du Djebel-amour : Turban à torsade, ceinture épaisse et gandoura (chemise) très fendue sur la hanche. Par l'échancrure ouverte, les yeux pouvaient suivre les contours de ce corps aux lignes pures et admirer la fermeté et le brillant de fruits, bien faits pour être cueillis. Elle nous regardait avec ce „beau sourire de nuit[1]" de la Joconde, dont elle nous rappelait le masque énigmatique et troublant . . . .

. . . .

Tout près se trouve la mosquée flanquée du tombeau où repose Ben-Yusef, le Saint de Milianah, le marabout voyageur, dont les dictons rimés, souvent sarcastiques, sont devenus et restés célèbres dans toute l'Algérie. C'est lui qui avait donné à Blidah ce joli

---

[1] Suivant l'heureuse expression de J. de Goncourt.

surnom de „petite rose". Sa ville natale, Milianah, fut assez vertement critiquée par lui; il prétendait que „les femmes y commandaient et que les hommes y étaient prisonniers ". Du vieux Tenès, où il avait été mal accueilli, il disait : „Ville bâtie sur du fumier ; son eau est du sang ; son air est du poison ; par Allah, Sidi Amed n'y couchera pas !" La Djama Ben Yusef est une des rares mosquées qui aient été épargnées par la guerre, la plupart de celles qui existaient au moment de la conquête et qui étaient au nombre de vingt-cinq, ayant été affectées à divers services, tels que hôpital, théâtre etc. Elle avait été elle-même convertie en caserne et a dû être reconstruite en partie, si l'on en juge à l'aspect neuf du minaret en pierre de taille ; mais, eu égard à la grande vénération dont elle jouissait parmi les indigènes, elle fut rendue au culte musulman. Rien de plus pauvre que l'intérieur divisé en six travées ; nulle décoration sur les murs blanchis à la chaux. Par une porte latérale de droite, on accède à l'*Atrium* à ciel ouvert qui précède le marabout de Sidi Mohamed

Ben Yusef. C'est la cour des pauvres.... un coin du passé, resté entièrement arabe, où l'Européen doit s'égarer rarement. Entourée d'arcades à deux étages superposés en forme de fer à cheval, pavée de carreaux de briques rouges, elle possède au centre une double vasque aux formes puissantes, ombragée par de beaux arbres. Elle est ravissante par le soleil cette cour des miracles où viennent se réfugier tous les voyageurs fatigués d'un long voyage et s'empiler dans des chambres toujours ouvertes, garnies uniquement de nattes en jonc, les infirmes, les malheureux musulmans, n'ayant aucun asile pour reposer leur tête. Des Arabes vont et viennent à la vasque pour procéder aux ablutions avant l'entrée à la mosquée. Toute cette bohême musulmane étendue çà et là sous les arceaux, ces Arabes remplissant les fonctions les plus simples de l'existence dans des attitudes toujours imposantes donnent au tableau une couleur vraiment orientale. Au deuxième étage de la cour bourdonne la ruche des écoliers de la Zaouïa: il est peu de mosquées en Algérie qui ne soient accompagnées d'une école gratuite. C'est au célèbre Haroun al Raschid, kalife de Bagdad, que les Musulmans et Arabes doivent cet excellent et touchant usage ; aussi enseigne-t-on dans ces Zaouïas tout spécialement la lecture du Coran.

Au fond de la cour, à rez-de-chaussée, se trouve le marabout avec sa façade décorée de carreaux de faïence diversement coloriés, ses estrades en marbre noir à droite et à gauche de la porte d'entrée, entièrement en pierre sculptée à rosace peinte en vert et rouge. L'intérieur est mystérieux, sombre comme toutes ces demeures de saints déjà décrites : Dans le haut de la petite coupole, une galerie circulaire ; — au centre, dans une demi-obscurité, le lit de parade entièrement tendu de drap rouge, ornementé de bandes vertes en forme d'arcades, avec étendards aux angles et un dôme à jour, également revêtu d'étoffe rouge. Le décor est complété par des lustres en cuivre, suspensions en verres de couleur, tableaux de prières aux murs, qui sont eux-mêmes recouverts à mi-hauteur et dans tout le pourtour d'une étoffe semblable à celle du lit de parade. Dans ce silence, au milieu de ce mystère glissent furtivement les pèlerins qui vont s'endormir ou prier sous l'égide du saint Ben Yusef. Au pied du marabout est étendue sans mouvement une pauvre femme, dont la poitrine est à découvert. Ses compagnes accroupies à ses côtés la frictionnent en récitant des prières pour obtenir sa guérison. Tout ce tableau, c'est encore une note raisonnante d'un passé déjà lointain, un écho des âges évanouis !

Je dis adieu au vieux sanctuaire pour aller me reposer au milieu des fleurs du *Jardin Magenta*, une véritable pépinière, que l'on rencontre à gauche en sortant par la porte du Zakkar. Des haies épaisses de rosiers du Bengale, des acacias à travers lesquels grimpent les branches flexibles de rosiers, dont on voit apparaître les jolies têtes roses et blanches au-dessus des derniers rameaux, des grenadiers en fleurs, de beaux cyprès, des boules de neige retombant en grappes touffues et se mirant dans l'Oued-Boutan dont les eaux parcourent le sol en tout sens, des massifs impénétrables d'arbustes d'essences diverses, telle est la physionomie de cette ancienne pépinière, devenue jardin public, qui mène au *Standt*, établi près des sources de l'Oued-Boutan. On est là au pied du Zakkar, dont on découvre les pentes fort raides, les blocs de rocher et les broussailles desséchées, qui rendent son ascension pénible. Et l'on ne doit pas en regretter les fatigues; car de son point culminant le panorama est, dit-on, vraiment merveilleux : au nord les montagnes entassées entre la Mitidja et le rivage de Cherchel, au sud l'immense étendue de la plaine du Chélif et les hauts massifs de l'Ouaransenis.

Le soir, je reprenais à Affreville le train qui devait me ramener à Blidah. Après avoir descendu les pentes sauvages du ravin de l'Oued-Bou-Halouan, nous arrivions en vue de la Mitidja et j'apercevais au loin des feux nombreux flambant dans la plaine : on pourrait croire à des incendies, si l'on ne savait que les indigènes entretiennent ces feux autant pour se défendre des insectes et même des bêtes que pour se préserver de l'humidité qui souvent tombe comme la pluie.

GORGES DE LA CHIFFA

RUISSEAU DES SINGES
PONT DE L'OUED-MERDJA — CAMP DES CHÊNES

15 mai 1886.

Le tableau que faisait en 1852 Eugène Fromentin de la plaine de la Mitidja, à la sortie de Blidah, a subi bien des transformations. Si l'ensemble est resté ce qu'il était, une immensité baignée d'air et de lumière, un horizon aux lignes sveltes, une impression de grand vide où les accidents s'évanouissent, les détails, à les regarder de près, se sont sensiblement modifiés. Les palmiers nains, les artichauts sauvages, les oignons si difficiles à détruire, les chardons aux longues tiges ont presque disparu, grâce à la persévérance du colon. Les vastes étendues de broussailles ont fait place à de beaux champs de blé, à d'immenses arpents de vigne. Pour retrouver cette peinture si vraie de la lande algérienne, il faut aller la chercher maintenant sur les confins de la Mitidja, dans les parties que n'a pu encore atteindre le défrichement. De loin en loin reparaissent des vestiges de primitive végétation, d'ancienne résidence, mais c'est l'exception rare. Le douar, cet ensemble de huttes noirâtres et arrondies, a déménagé ; il est allé se réfugier dans la montagne, où n'a pu encore parvenir la charrue ; il est remplacé par la ferme que l'on voit blanchir au loin dans la plaine.

L'entrée des gorges de la Chiffa est à une heure de Blidah. Après avoir suivi la belle avenue qui longe le Bois sacré et qui contourne le Champ de Mars, on prend une route parallèle à la ligne des montagnes et, laissant à droite le village de la Chiffa, on commence à côtoyer la rive gauche de l'Oued-Chiffa, qui s'échappe de cette immense coupure de l'Atlas que l'on devine de si loin. Son lit, à l'exemple de ceux des torrents alpestres, s'élargit en arrivant dans la plaine et occupe un vaste espace recouvert de sable, de cailloux, de roches, au milieu desquels ne coulent, à cette époque de l'année, que de minces filets d'eau. Les lauriers-roses ont pris là domicile et leurs jolies fleurs, couleur de pêcher, donnent une note riante à cette entrée de l'Atlas.

Merveilleuse préface du désert que ce col absolument beau dans toute son étendue ! Il semble que la nature se soit parée une dernière fois de ses plus belles splendeurs avant de s'éteindre peu à peu. C'est une impression de regrets qu'elle laisse au voyageur qui la quitte définitivement pour s'engager dans la région des steppes désolées, aux perspectives infinies, sans le moindre reflet de verdure. C'est également un souvenir de la Suisse ou des Pyrénées, avec une couleur légèrement africaine, une *Via Mala* moins resserrée, avec des teintes plus ardoisées, plus fauves provenant de la nature différente des rochers et de la végétation. Les massifs sont beaux, bien ordonnés ; il y a de la grandeur sauvage dans ces roches qui surplombent le torrent, de la poésie dans ces éclosions d'arbustes de toute espèce, partout où la terre végétale a pu séjourner. Dans les interstices des blocs granitiques, les lierres, les lichens ont poussé vigoureusement; ils se marient de la manière la plus agréable à ces jolies nappes d'eau qui glissent le long de la montagne pour aller grossir les eaux de la Chiffa. Sur les cimes les plus élevées apparaissent les grands pins, les chênes-liège, qui ne modifient en rien le dessin si pur des courbes et des lignes lointaines.

La route a été conquise tantôt sur le roc qu'il a fallu faire sauter, tantôt sur le lit du torrent qui souvent a dû être détourné. Dans maints endroits, le voyageur domine d'une hauteur considérable le cours d'eau, dont il ne voit plus que l'écume bouillonnant à travers les cailloux.

Avant d'arriver au ruisseau des Singes, un escalier rustique, pratiqué dans le lit du torrent très profond en cet endroit, conduit à une grotte de stalactites qui laisse échapper un *ruisselet* dont les eaux tombent en pluie de perles le long du ravin tapissé de lierre et d'arbousiers. Un superbe figuier qui a pris racine dans le roc étale ses branches multiples au-dessus de la Chiffa, dont les bords sont garnis de lauriers-roses. En face, de l'autre côté de la rivière, la montagne très boisée élève sa cime altière.

Le site du ruisseau des Singes n'a qu'un défaut, celui d'être trop voisin de Blidah et surtout d'être déparé par une mauvaise *Albergo* aux tuiles rouges, dont la vilaine architecture rappelle celle des guinguettes de la banlieue parisienne. La plus simple construction mauresque, le plus pauvre marabout avec sa petite coupole et ses murs recouverts de chaux vive auraient donné une tout autre physionomie à cette entrée du ravin où s'épanouit une végétation luxuriante et où vient s'ébattre en pleine liberté la gent simiesque. Avis, du reste, a été donné aux touristes que c'est bien ici le pays des singes : car, sur les murs intérieurs et extérieurs de la guinguette, a été dessinée avec assez de crânerie toute une suite de ces malignes bêtes, rivalisant de vitesse avec des chiens et des pourceaux, le tout dans les costumes et les positions les plus excentriques [1]. A la porte de l'auberge se prélasse également un singe de la belle espèce, sensible aux caresses, aux friandises, placé là sans doute pour servir de fiche de consolation aux infortunés voyageurs qui, après avoir remonté le cours d'eau et s'être enfoncés dans la montagne sont revenus au point de départ sans avoir eu la chance d'apercevoir le moindre quadrumane.

J'avoue que je fus des privilégiés et j'attribue mon succès à la patience que j'ai mise à attendre la visite de la bande. Le sentier qui suit le petit torrent à travers la montagne est assez raide ; il faut le remonter aussi haut que possible pour jouir de la promenade. Le poète, sensible à une nature non encore souillée par la main de l'homme et restée pour ainsi dire vierge, trouvera là une satisfaction sans mélange, une suite d'impressions laissant dans l'âme des traces d'autant plus vibrantes que le recueillement a été plus

---

[1] Ces esquisses sont dues au pinceau d'un officier-artiste, M. Girardin.

profond. Cascatelles rejaillissant sur les blocs de rochers, lianes touffues, lierre d'un vert sombre, laissant mollement retomber leurs branches dans l'écume des eaux, caroubiers, lauriers, figuiers se hissant les uns sur les autres dans un arrangement pittoresque, tout concourt à donner au tableau une couleur pleine de fraîcheur et de mystère, à la symphonie champêtre une richesse harmonique des plus intenses. L'ombre n'a pas délogé encore des profondeurs du ravin; mais, sur la cime des monts, que l'œil embrasse, le soleil fait sa trouée lumineuse. La petite sente finit malheureusement trop tôt et, arrivé à une maisonnette bâtie sur les bords du ruisseau, sous un enfouissement de néfliers du Japon et de lauriers, il faut arrêter là ses pas. Les pentes du ravin sont trop rapides, les bois trop denses pour qu'il soit possible de pousser plus loin, sans une fatigue extrême, l'exploration projetée. Je m'établis en observation sur une roche dont la base trempe dans l'eau et à l'abri d'un épais feuillage. C'est la première fois, en Algérie, qu'une vision des Alpes se présentait nettement à mon souvenir; je retrouvais des analogies si frappantes avec certains cols pittoresques de Suisse ou de Savoie, traversés autrefois le bâton à la main, que je prenais plaisir à me remémorer les moindres faits qui se rattachaient à ces visions alpestres : Un adieu mêlé de regrets donné à une jolie paysanne de la vallée du *Bœdeli*, un frugal repas en tête à tête avec un aimable compagnon de voyage, faisaient revivre et mettaient en lumière, comme dans une évocation Schumannienne, les lignes du paysage, la belle silhouette de la *Jungfrau*, avec tous les sentiments de béatitude parfaite éprouvés dans ce paysage. Puis, reportant les yeux à côté de moi sur la maisonnette, je pouvais lire sur ses murs les souvenirs que n'avaient pu s'empêcher d'y laisser, tracés au crayon et reflétant les impressions tristes, gaies, caustiques et même légères, en rapport avec le caractère de chacun d'eux, les voyageurs de tous pays[1].

---

[1] C'est une bien sotte habitude que celle qui consiste à couvrir de réflexions pour la plupart insipides les monuments, les objets d'art, les rochers!

Bien des lignes disaient le désappointement de ceux qui n'avaient pu même apercevoir la queue de l'animal que Darwin et Littré donnent pour ancêtre à l'homme; d'autres laissaient percer l'incrédulité au sujet de la présence du singe dans ces parages, mais accusaient en même temps une certaine croyance à la théorie darwinienne.

Telle l'inscription suivante :

Pas vu de singe, n'ayant pas de glace.

Un jeune couple amoureux n'était certes pas venu là pour approfondir ce mystère, si l'on en juge par les vers suivants :

S'en aller par les bois, alors que tout s'éveille,
Entendre l'alouette entonner sa chanson,
Être aimé, l'adorer, le lui dire à l'oreille
Et lui prendre un baiser; sentir comme un frisson
D'immenses voluptés : Vénus! quelle merveille?

Mais, au milieu de ces élucubrations, nulle trace d'une note vibrante, d'un sentiment artistique, élevant l'homme au-dessus de sa bestialité.

J'en étais là de mes découvertes, lorsqu'un

bruit d'abord sourd, puis peu à peu perceptible et enfin de plus en plus intense se fit entendre dans les profondeurs de la forêt. Je ne pouvais le comparer qu'à celui qui aurait été produit par un nombre considérable de pies et de corbeaux; du moins c'était ma première impression. Mais, prêtant une attention plus soutenue, je me rappelai le brouhaha résultant de la réunion tumultueuse des singes au Jardin d'acclimatation à Paris et des cris plus ou moins stridents poussés par eux dans leurs ébats et leurs poursuites vertigineuses. C'était la troupe qui avançait et allait me donner une représentation en plein air. Bientôt, en effet, apparut au faîte d'une maîtresse branche le chef d'orchestre, suivi de deux ou trois artistes, qui peu à peu s'enhardirent jusqu'à arriver à une faible distance de mon observatoire, en se livrant aux voltiges les plus lestes, aux sauts les plus périlleux.

La pièce était jouée, à mon entière satisfaction. Je n'avais plus qu'à redescendre le sentier et à rejoindre la voiture laissée à l'auberge pour continuer la route de la Chiffa, jusqu'au camp des Chênes, qui était le but projeté.

Au fur et à mesure qu'on avance dans le défilé, les montagnes s'élèvent, la gorge se resserre. En bas, dans la profondeur de la coupure, le torrent mugit, faisant entendre la basse fondamentale sur laquelle se détache très nettement la note bémolisée du corbeau au milieu d'un bruissement de feuilles frémissant sous la caresse de la brise. En haut, à droite et à gauche, la montagne à pic montant dans le ciel bleu, ravinée, d'une belle couleur d'ardoise, sur les hauteurs de laquelle planent des aigles aux ailes d'une large envergure. Des rochers se précipitent en filets argentés les cascatelles de plus en plus nombreuses; des gouttes diamantées s'égrènent à la pointe des stalactites. Dans un coin de route, une famille venant de Boghar nous donne une sorte de figuration de la Fuite en Égypte : Le *bambino* assis sur l'âne, au milieu des couffins pendant à gauche et à droite, le père marchant droit, pieds nus, enveloppé dans son burnous blanc, et la mère (la vierge noire aux beaux yeux pleins de flammes), type du Vinci bien plus que de Raphaël, accoudée près de son enfant dans une pose pleine de grâce, mais exempte de recherche. Et ils vont ainsi de Boghar à Alger, faisant à pied plus de quarante lieues, demandant aux torrents l'eau pour apaiser leur soif, au sol les racines et les fruits sauvages pour les nourrir... Puis, un peu plus loin, une troupe de petits ânes portant des sacs d'orge et leurs conducteurs. Ces derniers font si bien corps avec l'animal que s'imagine très clairement la Fable incarnant dans le Centaure la silhouette du cavalier et du cheval réunis.

Les cascades succèdent aux cascades ; l'une d'elles semble sortir du rocher même et a entraîné dans son lit des abatis de cailloux. D'autres se divisent en une multitude de filets argentés courant à travers les mousses ou les graviers des éboulis. La *Roche pourrie*, qui domine à droite la route, est un danger permanent pour le voyageur ; car des fragments s'en détachent souvent et interceptent le chemin. On se rappelle encore en Algérie un éboulement considérable qui eut lieu le 26 novembre 1859, à la suite de pluies torrentielles ; force fut de démolir à coups de canon ce qui restait de la roche, et plus de cent mille mètres cubes de terre et de pierre furent précipités dans le torrent.

Au lieu dit le *Camp des Chênes*, où se trouve une maison forestière, l'*Oued-Merdja* se jette avec impétuosité dans la Chiffa.

Nous laissons à regret cette route qui devait nous conduire, par Médéah, Boghar et Laghouat, au pays du soleil, au désert sans limites, et nous revenons à Blidah par une de ces soirées un peu fraîches, mais pleines de mélancolie.

ADIEUX A BLIDAH — RETOUR A ALGER

DERNIER COUP D'ŒIL:

LE JARDIN D'ESSAI; LA FONTAINE ARABE; LE FRAIS VALLON; LE MÉDECIN MAURE; BIRMANDRAÏS; LE RAVIN DE LA FEMME SAUVAGE; LE RUISSEAU; MUSTAPHA SUPÉRIEUR; LE BOIS DE BOULOGNE; LE PALAIS D'ÉTÉ DU GOUVERNEUR; SAINT-EUGÈNE; LA POINTE PESCADE — LE MUSÉE DE PEINTURE — DÉPART POUR LA FRANCE.

20 mai 1886.

„Il est certaines villes dont on se sépare comme d'une maîtresse aimée, la poitrine gonflée et des larmes dans les yeux, espèces de patries électives où l'on est plus facilement heureux qu'ailleurs, où l'on rêve de retourner et d'aller mourir, et qui vous apparaissent au milieu des tristesses et des complications de la vie comme un oasis, un Eldorado, une cité divine où les ennuis n'ont pas d'accès, et où reviennent les souvenirs d'une aile obstinée."

Ce poétique adieu adressé par Théophile Gautier à la belle Venise nous venait sur les lèvres, au moment de quitter peut-être pour toujours Blidah, la *petite rose*, la ville des orangers. Il fallait s'arracher à la séduction d'une ville dans laquelle le *far niente* et l'oubli de soi-même jouent le rôle important, — ou plutôt à un rêve prolongé.

Les journées devenaient lourdes ; le siroco commençait à devenir inquiétant. Ce vent brûlant du désert, qui donne au pavé de vos chambres la chaleur d'un four, dessèche en quelques secondes le pain déposé sur la table, vous envoie les cailloux du chemin au visage, secoue, la nuit, les maisons à déraciner leurs gonds, était un indice qu'il fallait plier bagages et se replier en bon ordre vers des contrées plus fraîches et plus hospitalières en été pour des oiseaux du Nord.

Une douce soirée me permit de faire,

pour une dernière fois, le tour de la ville, m'arrêtant aux endroits préférés, notamment au Bois sacré. Assis en face du petit marabout qu'argentaient les rayons de la sœur du soleil, j'admirais à travers les hautes cimes des oliviers, la voûte céleste constellée d'étoiles. Au loin, le chant des grenouilles se faisait entendre ; mais c'était le seul bruit qui venait troubler le silence de ma retraite. Par instants, une légère brise m'apportait les odeurs embaumées des cyprès, des glycines et des rosiers dont les larges fleurs apparaissent entre les branches des arbres.

Je voulus rester sur cette impression et, le lendemain, je reprenais la route d'Alger, jetant un regard de regret sur les beaux cèdres qui dominent l'Atlas, et vers le Sud que je n'avais pu voir et qui restait pour moi à l'état d'énigme.

* * *

En quelques jours, j'ai revu les jolis sentiers déjà parcourus ; j'en ai visité de nouveaux. Voulant fixer à jamais dans mon esprit le spectacle grandiose de cette baie d'Alger, et dédaignant la grande route, je suivis les bords de la mer pour aller m'abriter sous les hauts palmiers de l'oasis Sainte-Marie, d'où la vue, ayant pour premier plan les eaux bleues du golfe, s'étend jusqu'à *El-Bahadja*, la blanche [1]. Puis, traversant le jardin du *Hamma* ou Jardin d'essai [2], coupé par ses merveilleuses allées de bambous, de lataniers, de chamœrops excelsa [3], après avoir admiré le parc aux autruches, j'allais m'asseoir à ce pittoresque Café des platanes, si bien décrit par Fromentin, posé juste en face du Jardin d'essai, sur la route d'Alger à Aumale.

„Le lieu, dit le peintre du Sahel et du

---

[1] Alger.

[2] Le Jardin d'essai, créé en 1832 par M. Hardy, a une étendue de 80 hectares. Il est actuellement dirigé par M. Ch. Rivière, fils de l'ancien directeur du jardin et des serres du Luxembourg.

C'est sur l'emplacement du Jardin d'essai, au Hamma, que Charles-Quint fit débarquer ses troupes, le 23 octobre 1541. Le 31 du même mois, il rembarquait les débris de son armée.

[3] Palmiers à chanvre.

Sahara, est assurément fort joli. Le Café, construit en dôme, avec ses galeries basses, ses arceaux d'un bon style et ses piliers écrasés, s'abrite au pied d'immenses platanes d'un port, d'une venue, d'une hauteur et d'une ampleur magnifiques. Au delà, et tenant au Café, se prolonge, par une courbe fort originale, une fontaine arabe, c'est-à-dire un long mur, dentelé vers le haut, rayé de briques, avec une auge et des robinets primitifs, dont on entend constamment le murmure, le tout très écaillé par le temps, un peu délabré, brûlé de soleil, verdi par l'humidité, en somme un agréable échantillon de couleur qui fait penser à Decamps. Une longue série de degrés bas et larges, dallés de briques posées de champ et sertis de pierres émoussées, mènent par une pente douce à l'abreuvoir. On y voit des troupeaux d'ânes trottinant d'un pied sonore, ou des convois de chameaux qui y montent avec lenteur et viennent plonger vers l'eau leurs longs cous hérissés, avec un geste qui peut, suivant qu'on le saisit bien ou mal, devenir ou très difforme ou très beau."

Au-dessus de cette fontaine s'étage une ancienne partie du Jardin d'essai, maintenant abandonnée, partie montagneuse, redevenue forêt vierge, où les plus belles essences d'arbustes ont pris un développement considérable et teintent de leurs vives couleurs le vert sombre des arbres. La route monte en lacets jusqu'à un vaste amphithéâtre d'où la vue s'étend sur le golfe. En suivant la crête des collines sur lesquelles sont groupées, à travers le feuillage, les maisons turques et même les villas européennes regardant toutes la mer, on revient à Alger par *Fontaine bleue* et l'Hippodrome.

Je ne voulais point quitter le Sahel sans donner le salut d'adieu au vieux médecin arabe, qui s'est fait une telle réputation que Musulmans et Européens entreprennent le chemin du Frais-Vallon pour aller le consulter. La route que l'on suit en quittant la cité Bugeaud et en tournant le dos à la mer, s'engage dans un ravin, véritable coin alpestre, où la chaleur du soleil est toujours tempérée par la végétation. Un café indigène avec son architecture mauresque, posé sur les bords de l'Oued, ferme pour ainsi dire le chemin. Plusieurs sentiers se présentent, l'un se dirigeant à la source d'Aïoun-Sr'akna et à la koubba de Djebbar, où les femmes divorcées, d'après la tradition, doivent se rendre pour retrouver un époux; un second, au village de Bou-Zaréa; un troisième, à la demeure du médecin arabe. Ce dernier est assez abrupt, et bien des visiteurs, à qui la santé ne permet pas de faire la route à pied, trouvent au café indigène un petit âne ou un mulet pour les transporter jusqu'à la résidence du docteur.

Son cabinet de consultations est installé dans une mauvaise ferme, assez éloignée de son habitation où nul mortel ne doit pénétrer. La pièce, ouverte à tout venant, est si étroite qu'elle ne peut recevoir à la fois qu'un seul visiteur. Aussi le patient attend-il en plein air ou dans une mauvaise chambre annexe que son tour arrive. Étendu sur une sorte de chaise-longue, les pieds non revêtus de sandales, entouré de fioles et d'herbes que lui passe, suivant les besoins, un jeune Arbi, il vous interroge gravement et cherche dans un grand in-folio la maladie que vous devez avoir. Sa consultation se termine presque toujours par la recommandation de prendre immédiatement certaine médecine rafraîchissante, qui ne laisse pas que de vous incommoder tout le long de la route!

„....Un petit remède insinuatif, préparatif et rémollient pour amollir, humecter et rafraîchir les entrailles de Monsieur.....“

Molière sera toujours vrai, au dix-septième comme au dix-neuvième siècle, à Paris comme à Alger!

*
* *

Quelles ravissantes excursions que celles de Birmandraïs avec sa belle place ombragée de hauts platanes, du marabout de Sidi-Aïa si haut perché au milieu des oliviers et des caroubiers séculaires, et le retour à Alger par le ravin de la Femme sauvage et le Ruisseau!

Quels souvenirs que cette promenade faite et refaite si souvent sur la route de Mustapha supérieur conduisant à la colonne Voirol[1] et au Bois de Boulogne ; puis la visite au palais d'été du gouverneur, avec ses jolis dômes et ses gracieuses arcades extérieures, son parc remarquable par les belles essences d'arbustes qu'il renferme et sa vue incomparable sur la mer !

Et Saint-Eugène.... la pointe Pescade, dominée par Notre-Dame d'Afrique !

A côté de ces impressions pleines de charmes, exprimons un regret, celui de voir si mal installé et si pauvre en tableaux le Musée de peinture fondé en 1871 par la Société des Beaux-Arts ! Dans un pays, dont les sites empreints d'un caractère plein d'individualisme ont inspiré tant de peintres de talent, les Marilhat, Fromentin, Decamps, Delacroix, Regnault, etc., il devrait exister un temple digne de recevoir les chefs-d'œuvre de l'art et surtout des Orientalistes. La halle en charpente et les petites pièces annexes où sont exposés tableaux, dessins, gravures et

---

[1] Le général Voirol a été gouverneur intérimaire de l'Algérie en 1833 et 1834.

plâtres sont mal éclairées et d'un aspect fort triste. Nous n'y avons découvert aucune toile ni même un dessin des grands peintres que nous venons de citer. L'Algérie devait à son peintre, son poète, son inventeur pourrait-on dire, de posséder un souvenir de celui qui, dans des tableaux si séduisants, dans des œuvres littéraires hors ligne, a su divinement narrer les sites enchanteurs, les costumes pittoresques, les hommes et les bêtes, les mœurs toutes particulières de cet admirable pays. Elle lui devait plus : une statue !

* *
*

Au moment de terminer ces notes, il nous semble qu'il y aurait encore beaucoup à dire et que nous avons laissé dans l'ombre une foule de détails pleins d'intérêt. Nous avons à peine ravivé les souvenirs éteints; mais nous aurions eu à faire l'histoire de l'Algérie et de sa conquête. Tel n'était pas notre but. Ce que nous avons voulu : c'est donner une impression aussi vraie que possible du panorama que nous avons eu pendant quatre mois sous les yeux et surtout faire aimer notre belle et puissante colonie.

Du pont de la *Ville-de-Tunis*, sur laquelle nous nous sommes embarqués par le temps le plus merveilleux que puisse désirer un voyageur qui traverse la mer, nous jetions un dernier regard, un regard attendri sur la Kasbah noyée dans ses blancheurs, les sombres collines du Sahel et sur les hautes montagnes de Kabylie plongées dans un ciel d'une profondeur et d'une transparence infinies !

TABLE DES MATIÈRES

	Pages
Marseille	1
Alger. — Premières impressions. — Maisons et palais mauresques	6
Bou-Zaréa. — Notre-Dame d'Afrique	16
Impressions rapides. — La Djama El-Kebir	24
Bou-Farik	36
La mosquée Sidi-Abd-er-Rahman	45
La Fathma. — *Vera incessu patuit dea*	55
Danse d'almées	61
Face et revers de la médaille. — Physionomies. — Types. — Paul Bourget. — Charles Lagarde	69
Blidah	98
Le Bois sacré	101

	Pages
Le val de l'Oued-el-Kebir. — Le cimetière arabe	104
Orangeries. — Jardin Bizot	109
Maisons mauresques. — Mosquées. — Marché arabe. — Bains maures.	114
Limpidité de l'atmosphère. — Farniente. — Cafés maures. — Un peu de musique. — Caragousse.	122
Panorama.	131
Le tombeau de la Chrétienne (Kbour-er-Roumia)	134
Tipaza. — Les ruines romaines. — Les nécropoles.	143
Cherchel. (Splendissima colonia Cæsariensis.)	155
Blidah. — Le lion de Tartarin — Les Arabes quêteurs. — Mariage arabe. — Le sort de la femme. — La Nouba	170
Les Juifs. — Les barbiers	183
Hammam R'irha.	194
Milianah. — Souvenirs rétrospectifs.	201
Milianah. — Panorama actuel. — La vallée du Chélif. — L'œil du monde. — L'alfa. — Un coin de France. — Les hirondelles. — Soleil couchant	218
L'esplanade. — Le coin des blagueurs. — Panorama sur la vallée du Chélif. — Les casernes. — Le cimetière français. — Une fille du Djebel-amour. — Djama et marabout Ben-Yusef. — Jardin Magenta. — Retour à Blidah.	227
Gorges de la Chiffa. — Ruisseau des singes. — Pont de l'Oued Merdja. — Camp des chênes	244

Pages

Adieux à Blidah. — Retour à Alger. — Dernier coup d'œil : Le jardin d'essai. — La fontaine arabe. — Le frais vallon. — Le médecin maure. — Birmandraïs. — Le ravin de la femme sauvage. — Le Ruisseau. — Mustapha supérieur. — Le Bois de Boulogne. — Le palais d'été du gouverneur. — Saint-Eugène. — La pointe Pescade. — Le musée de peinture. — Départ pour la France. 257

www.ingramcontent.com/pod-product-compliance
Lightning Source LLC
Chambersburg PA
CBHW050627170426
43200CB00008B/914